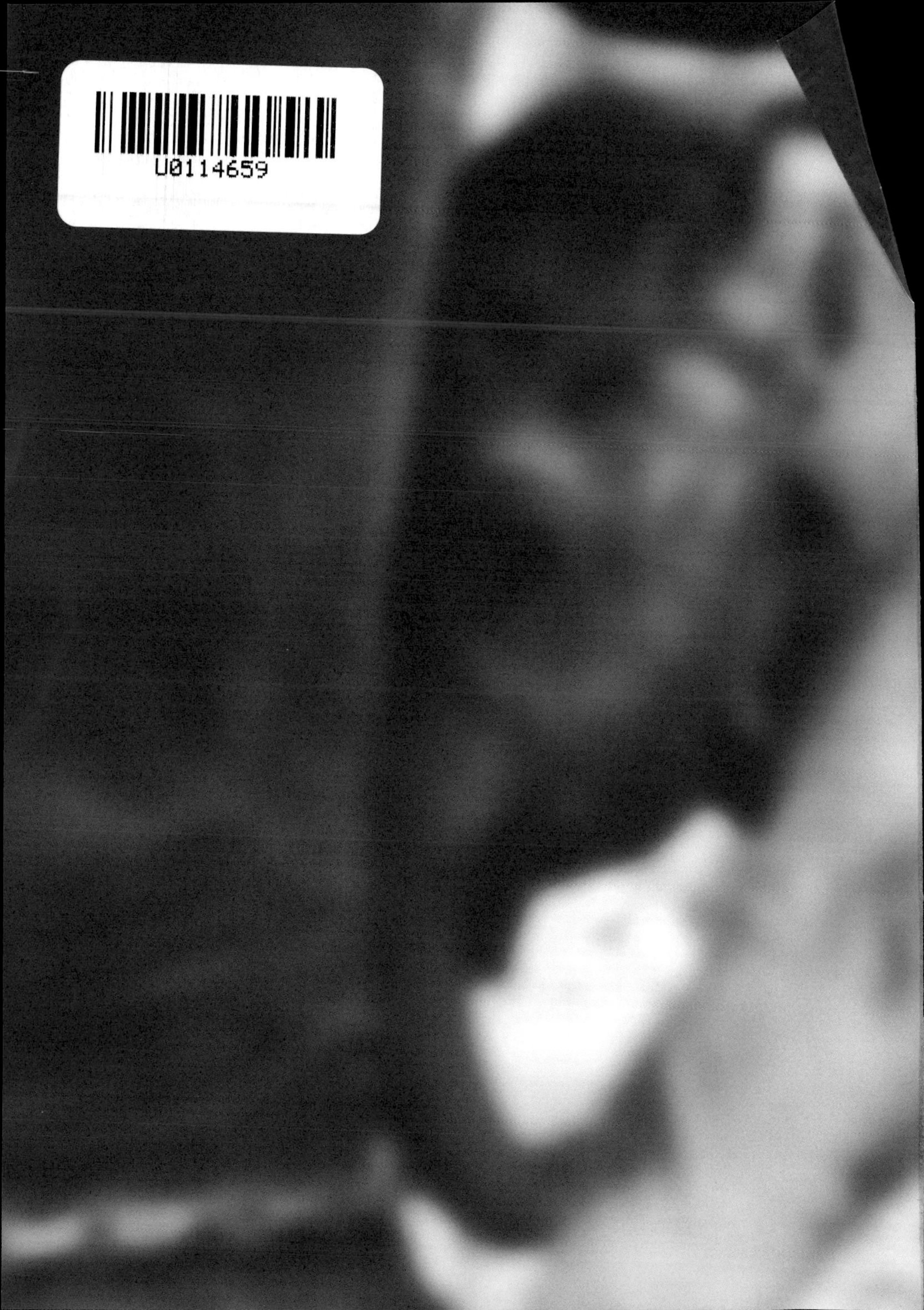

牠們的現實，
你願意看見嗎？

何以愛物

動物倫理二十講

曾琬淋　著

JPC

推薦序一

為「同類」而寫之書

二十多年來，我從事著有關西方動保運動與動物倫理的教研工作。在這之中，每當論及動物倫理議題，無論面對的是單純好奇者、真心探求者，或是執意挑戰者，所面臨問題不外乎：「你怎麼知道動物會痛苦？」「你怎知植物不會受苦？何以還要吃植物？」「肉食不但自然而且必要，何須抗拒？」「人都照顧不完了，怎有餘力照顧動物？」「動保不過是洋人的東西，為什麼一定要效仿？」在理解到人類生活之建立於大規模動物剝削與虐待之後，尚有另一些真誠疑惑：「我想要停止吃肉，可是無法完全做到怎麼辦？」「我想停止傷害動物，可是生活中卻依舊無法完全避免怎麼辦？」「我該怎麼做才能幫助動物？」

這許多問題，在一時之間，有時還真難以說得清楚。而坊間可推薦的動保或動物倫理書籍，或直接擇定立場訴諸篤志者，或由理論切入而艱澀難懂。偶有深入淺出之經典著作，又因年代久遠而缺乏更新。多半，相關出版物又出於西人之手，訴諸文化傳統與討論範例皆源自西方，對於華人讀者不免有道隔閡也講不入心坎。

但是曾琬淋的這部《何以愛物》，卻恰恰彌補了這許多問題，也回應了華語讀者的需要。首先，它的問答形式開門見山，直指讀者心中最大困惑。在動保運動後浪推前浪，但動虐形式隨著科技進展卻也日新月異的狀況下，作者對於全球動保議題及牠們與環境、農糧、食安、經濟等議題間之關聯的良好掌握，也讓這本書兼具時代性與全球性。更難能可貴地，作者雖通曉西方主流倫理觀點，卻同時諄諄細述中華文化思想，為華人提供了貼近自身文化傳統之理解、論述動物倫理的方式。

當然，在這本看似客觀的問答形式中，作者並不置身事外。切感動物之苦、篤信好仁之心，作者動情講理，卻也不唱道德高調。她穩站折衷主義立場，視動物為「有感知之資源」，務實梳理著人類該如何做為，以免除動物不必要之苦，創造一個愛惜物命的文明化社會。在這之中，自然仍存在著討論與抉擇空間，不免激發讀者想要與之辯論一番。但一個求同存異、廣納所有人不同心性與處境的寬廣動保文化，毋寧也正是作者所求。

或因這一切特色，《何以愛物》也動人地傳遞出一份「同類」與「一體」之情。其所念念的萬物之苦、人心之善、人性與現實之必然侷限，以及盼望與力行之用，實將所有人群與有感生靈深深結合於有限凡塵之中——卻仍懷抱希望。這同類之情，個人深信，曾經是、也將持續是一個良善社會的發展基礎與希望所在。

因其一切特色，更因其給力信念，我推薦這本書給所有曾經困惑於人類該如何對待動物的朋友們。它除了將帶領您進行一番必要之問答與思辯，更也將傳遞一份簡單訊息：愛物不難，你我皆可，只因我們同為一體。

李鑑慧
國立成功大學歷史學系副教授

推薦序二

我們需要人類世的愛的教育

因為網絡媒體，讓我常常收到可愛而感人的動物影片，比如最多看到的，是別人家中的貓狗共處，其中一段，是多頭金毛尋回犬把一頭小貓寵得像自己的親生妹妹，而這個妹妹也淘氣地時常用手亂抓幾個哥哥，可幸哥哥們都毫不介意。另有一段，是幾頭家養的雞鴨鵝，總愛熱情地張翅撲向家人，而且更會用翅膀把家人的手腳甚至頸項一擁入懷。最近看到的，是一頭大棕熊，把掉進水池的烏鴉，用手和口救了出來，教人窩心。

在疫情期間，常要居家工作以致抑鬱，卻每每因為這些影片而令我感動、鼓舞，亦刺激到我回想全世界都多災多難的二〇二〇年——除卻新冠肺炎，更有澳洲山火，亦有跨國的億計蝗蟲，侵害農作。有人會相信印度少年阿南德（Abhigya Anand）的預言，說這兩年不無世界災難，然而他更憑藉年輕之口，道出我們人類要為地球、生態與動物負責，因為大自然畢竟已對人類的破壞進行反撲。

如何去愛——科學原為論述？

如何對生態負責？甚至如何去愛？是我十多年來常常思考的問題。就在全球危難時刻，我收到曾琬淋的《何以愛物——動物倫理二十講》，把身邊時常聽到的二十個詰問，有條不紊地羅列出來；雖說愛為感情，或屬感性思維，但面對坊間衝著動物保護的相反意見或攻擊，琬淋選擇以理性梳理脈絡，並逐一回應與解答。誠然，有些問題，我作為任教《動物與社會》的大學老師，也自愧難答，比如「人類要對動物多好才足夠呢？」有時下課後被同學提出相關問題，我會語塞。

或者正因為理性的切入方式，教琬淋搜集了不少科學、哲學、心理學，以至倫理與邏輯的理據，指出動物有感知（比如痛感），亦有思考（比如智慧），更有記憶與情感。書的上半部分的討論，由此可見比如工業農場（書中用語為「工廠農場」）的大量肉食生產與暴行；以至下半部分多言及的傳統、東西哲學，和「福利」相對「權利」的解說，就延伸出人類價值觀的考量，動物從來都有重要位置。

我非常明白琬淋的用心，因為書的重點，是為回應世態炎涼的好些說法，也唯有靠科學與哲學等學說，才更能在坊間輕率的說法中，站得住腳；而我也欣賞書中同樣重視人的位置，比如點出長期從事屠宰的人，亦被扭曲心靈，另外科學更驗證出孩子居於屠場附近的身心影響等等。問題是，科學也難免只是一種論述，而只看落在誰人的說法裡——比如近年全球皆見特朗普的橫蠻，正在於他一方面會否定科學數據，說環境沒有失衡，甫上任即退出《巴黎氣候協定》，卻一方面以統計科學之名，說自己離任前的大選勝券在握，鬧得美國翻天。說到底，科學是為論述，可以合理化好些說法，也同時可以否定別些說法；傳統、哲學等等亦然，皆在詮釋，那還可以為動物與生態，談些什麼，以確定牠們重要？

答案，是愛；也是愛的教育。

何謂直覺——感知原來觸動？

琬淋在書中引用了不少西方動物保護先驅經典，比如澳洲學者彼得・辛格（Peter Singer）的《動物解放（*Animal Liberation*）》，與美國學者湯姆・雷根（Tom Regan）的 *The Case for Animal Rights* 及《打破牢籠（*Empty Cages: Facing the Challenge of Animal Rights*）》，都在倫理與哲學討論之列。但比較少為人知的，是他倆幾曾合作、對話，也曾在學術上互不咬弦；而兩人合著的 *Animal Rights and Human Obligations* 在一九七六年出版，雖奠基了共同的動保理念，但雙方說法或有微妙差異，是後來雷根也在 *The Case for Animal Rights* 提及，就著所謂「直覺（Intuition）」而與辛格意見不合。

何謂「直覺」？的確難說。雷根明言，如果一般人隨隨便便說直覺，可能會是偏見；但假如是久經思考，建立出一些信念而有所謂「直覺」，就不能簡單被批評為偏見了。可想而知，辛格對此持相反意見，在此不贅。然則，引申而來的問題正是，我們對動物的關注、負責，甚至是愛，可否就只憑「直覺」，而不用透過科學或哲學言說，亦已足夠？

這教我想起另一個動保界的重要人物，而辛格在上世紀九十年代聯同不少動物學者所做的猿人計劃（後來成書 *The Great Ape Project*），也是深受她的影響——她是珍・古德（Jane Goodall），生於一九三四年英國，自幼已深愛動物，二十多歲時因為一次機會而隨人類學研究團隊深入肯亞，從此踏上了在坦桑尼亞崗貝對黑猩猩研究之路。我讀珍・古德的著作尤其感動，比如她在六十年代出版的 *My Life with the Chimpanzees*，以至九十年代末出版的《希望（*Reasons for Hope*）》，雖說有她的科學或人類學描述角度，但字裡行間，無不有愛與直覺，比如她談到與猩猩的無言對坐、互望、觸碰，最後互相信任、扶持，都不是理性話語可以解說得來。

我想，預期要以不同的論述，去合理化解釋動物的位置，那為何又不能單靠一種感知與靈性觸動，去愛護動物與生境？

培養心緒——與生原是俱來？

我反覆多想，為何珍・古德會有這種心緒？又或者反過來問，我們又為什麼總難培養出一種心緒，去為動物多想？珍・古德有說，小時候會在林中躲起來，為求看動物，而讓家人誤作失蹤，擔心好幾小時；然而童年珍・古德不但沒有被責，反而得到媽媽鼓勵，更大膽地發掘興趣——我們更要感謝這位媽媽，因為她也陪伴珍・古德遠赴非洲，從旁支持，才會培育出這位女兒，參與重要研究與動保工作。

近年人文學科最愛提出「人類世（Anthropocene）」一說，其中方向，正是想尋找在這人類主導的地球，究竟能否有讓萬物和平共存的可能；當中不無討論，就是我們如何學懂體認和實踐互愛。我常在學術裡兜轉尋找答案，但當我想到珍・古德與媽媽的生活，本正是簡單的「愛的教育」，我就懷疑，在學究裡追尋的，根本就是與生俱來的倫理感情。

說是愛，與直覺，可能就是這種感情，或在當下被世人所遺忘、遺失，才導致我們不懂去愛，而要用不少言說，包裝一種動保論述。可是如果愛本就是與生俱來般自然，那我們要去為愛付出，又相信並非知易而行難吧。

小結：與物有情的啟始

近幾年最影響我的一本書，是美國女性生態主義者 Donna Haraway 的 *Staying with the Trouble: Making Kin in the Chthulucene*，書名難以中譯，但裡頭的一個「Kin」字，譯為「親屬」，正是書的要旨，以提出人應視萬物為親屬，要學習磨合共生。可能又是我的學究心態作祟，說是如親人的關係與愛護，根本就如天生感情，又何需話語論述？不過說到底，是這種感情在呼召我與物種的連結，而非科學理性與哲學思辯。

珍・古德近年已寫到對植物的愛，與在德國從事森林管理的彼得・渥雷本（Peter Wohlleben）一樣，會書寫花草樹本之間的溝通與連帶。《何以愛物》一書雖說只談動物，但我更希望這個對「物」的啟始點，也引領我們與物有情——遑論動物、植物、活物。最近多看到網上動物的片段，可愛之處，其實不在牠們的淘氣與熱情，而是我從中感到，牠們無私地視不同物種為家人，會去愛護、相擁、捨身；話已至此，原來動物才是我們的身教模範，學習親愛。

陳嘉銘
《寫在牠們滅絕之前——香港動物文化誌》作者
現為香港恒生大學社會科學系講師
二〇二一年一月十三日

自序 建立理解，才能打破牢籠

近數十年來，動物保護的呼聲和運動在全球各地冒起。很多人類開始思考自己的食物生活得好不好、死得痛不痛快，並會自我設限，不購買在動物身上試驗過的產品、拒絕穿著動物的皮毛和抵制動物表演。與此同時，當「局外人」看到這些動物保護主義者的行為，聽到他們的口號，都會滿頭問號。大部分人對動物都有一定程度的同情心，不過一説到要實際地保護動物，犧牲人類利益或享受去保障動物的生存和改善牠們的生活時，很多人又會猶豫——有需要嗎？人們的懷疑，主要來自一個古今中外根深柢固的觀念：動物是大自然給人類享用的資源之一。既是資源，即不與人類同等，又有何資格要求人類為了牠們的福祉而限制自己？而那些動保人説農場動物過得不好，動物園的猴子和海豚不想表演，他們又怎知道？素食者則更偽善，他們不也吃蔬菜？植物不也是生命？他們又怎知植物便沒有感受？再者，動物保護主義只是一時興起的西方概念，與重人倫親情的亞洲文化不相容，搞不好這動保運動可能還帶有政治目的！

以上種種對動保運動興起的反應並非虛構。作為一個在吃肉者和「局外人」之間長大和生活的人，筆者對這些質疑耳熟能詳。十來歲的時候，我便萌生了寫書的念頭，想以動物寫給人類的信件的形式，去為流浪動物、農場動物、實驗動物和表演動物等發言——不過後來學業繁忙便忘掉了，其實以當時的年紀也未有足夠能力去完成任務。直到大學畢業後，我才重拾以文字為動物發言的夢想。由於學習和工作的緣故，我經常需要搜集資料，做文獻回顧，寫論文和報告等等。某天我突然在想，既然我能為學分和工資而做這些事，何不也為動物而做？

我的背景可能會與讀者對於動保作家的想像相差甚遠。雖然我自小便開始思考人類對動物的剝削，會關注動物保護組織的工作，但我不是一名「正式」的動物倫理學者。出身於語言學系的我，靠著閱讀大量有關動物倫理的書籍、學術文章、網上討論，甚至上了好幾門網上課程，嘔心瀝血才得以完成此書。此外，行筆之時我仍然是一名吃肉者（雖然很少吃肉），也用過象牙筷子、看過海豚和海獅表演、陪家人釣過一次魚、生物課上解剖過白老鼠、買過很可能含兔毛的大衣……所以我不只沒有相關學歷，顯然也沒有道德高地可站。不過，我卻發現自己身處的位置，也許正適合寫一本向「局外人」講述動物倫理的書。在理性和情感上，我對兩方觀點都有所體會，同時我也算是「局外人」，沒有象牙塔內的「專業包袱」或動保圈中的「立場包袱」。或許我的文字，反而可更貼近普羅大眾的接收頻率。

此書名為「何以愛物」，這四字有兩層意思，一是「為什麼要愛護動物」，二是「該如何去愛護動物」，就是此書要解答的大問題。世上不乏「愛」動物的人，因為動物的確可以很可愛，尤其是那些大眼睛、毛茸茸、樣子蠢蠢的，連害怕動物的人見了，也不得不承認有點可愛。這種觸動人心的可愛，相信也是社交媒體上某些明星動物能年收入上億的原因。不過，剛在社交媒體上分享可愛的小雞和小羊照片，轉頭便吃雞腿和羊架的大有人在。「愛物」所指，顯然不是這種對（某些）動物的片面喜愛，而是反思人類與動物的關係，反省自身和社會對待動物的方式，繼而改變自己的行為去減少傷害。

這本書自然是寫給好奇「何以愛物」的讀者。對於一些動物保護人士或者組織的行動和所宣揚的一套，非「圈內」人可能覺得他們在說另一種語言，所以我想嘗試用這本書去做一下翻譯。此外，這本書亦是寫給動保人士和任何關心動物狀況的人，希望這本書給大家一個機會去再思考自己的理念。而且，動保人士平日一定收到不少提問，例如在餐桌上表示不吃肉時，逛街時表示不購買有動物實驗的產品時，旅遊時表示不想看動物表演時……一時之間可能真是被質問得啞口無言，可能大家從直覺上便知道這些行為是錯的，卻未深思過背後原因，又可能腦海裡混亂地浮現了動物被剝削的畫面，但不知從何說起。我希望這本書也可幫助大家整理思緒，以後碰見類似問題時，能為動物發聲，從而觸動對方的同理心。因為打破牢籠最有力的鎚子，便是建立理解。

願大家都能在此書中找到自己何以愛物的答案。

Chapter 1

何謂動物？

我們每天都會看到動物：在街道上、天空中、社交媒體上、圖書裡、電視上、家中甚或是餐桌上。然而，一般人也不一定知道「動物」實際上是什麼。當然不是所有會「動」的「物」便都是動物，那要擁有什麼條件才算動物？而人又究竟算不算是動物？既然我們要討論何以愛物，首先自然要知道何謂動物。

讓我們先從生物學入手，因為科學事實比較明確和不具爭議性。大家既然會翻開這本書，就算對生物學沒興趣，相信至少也對「動物」二字有興趣，所以接下來的一分鐘生物課，應該不會令大家打瞌睡。

動物其實是一個統稱。按現代生物分類法，世界上現有的生物可分為三大域（domain）：原核域、古菌域和真核域。所有生物都是由肉眼看不見的細胞組成，而真核域生物的主要特點，是其細胞內含有細胞核，真核域生物可再細分成六個界（kingdom）：動物界、植物界、真菌界、古蟲界、囊泡藻界和有孔蟲界。動物界的「入會條件」，是該生物由多於一個細胞組成，其細胞具有細胞核，並且沒有細胞壁。所以，動物又稱多細胞真核生物。

那人類是不是動物？在科學定義之下，人類的確屬於動物界，位置在「動物界，脊索動物門，哺乳綱，靈長目，人科，人屬，智人」。撇除我們的人類優越感，我們在生物本質上與其他動物沒有明顯分界。我們和其他動物有共同的進化史，科學家揭示人類與許多動物之間有甚高的基因相似度（百分之九十三至九十九），而即使在行為上，我們與其他高等動物近親也有許多相同之處。[1] 科學和醫學研究便是使用這個定義，去理解人類的生理。

不過對於社會上的日常溝通，以上的生物學定義一般不太用得著。人們說「我愛動物」時，當中動物有可能只包括小狗、小貓、兔子和松鼠等比較討大眾歡心的毛茸茸動物。而某些動物保護法則可能只把脊椎動物（vertebrates）視作動物。有些人也會認為昆蟲和某些肉眼看不見的微小動物不算是動物。動物的非科學定義可謂五花八門，不過這些理解的共通點是，在人們日常溝通中，「動物」一詞通常不包括人類。我們可以先簡單地把動物的社會定義理解為「生物學上的動物減去人類」。

為什麼人在生物現實上是動物家族的一員，卻要把自己區分出來，造成「動物等於非人動物」的奇怪狀況？原因可能是由於我們無法使用人類語言與動物進行有效而深入的交流，也對動物的內心世界和想法知之甚少。對於動物的行為和感受，我們雖可以透過觀察和研究略知一二，但缺乏了牠們自己「親口」以語言來確定，我們也不能百分百肯定我們理解正確。由於這個溝通上不能跨越的鴻溝，人很容易偏向將動物視為「他者」，導致人們普遍認為人禽本質有別，人類和所有其他動物是獨立分開的兩個生物大類。

除了語言不通外，道德能力的缺乏是另一重點原因，使動物成為相對於人類的「他者」。道德規範是人類社會中非常重要的元素，也是讓社會生活得以穩定的條件。但是在動物世界中，似乎沒有這樣的道德概念。即使是過著群體生活的社會性動物，成員之間可能有類似道德規條般的行為準則，但這也不是人類所能理解的一套「道德觀」，又或者與人類道德觀實在截然不同。因此，我們會把動物描述為無道德（amoral）。一個人可以是道德的君子或不道德的小人，而動物則處於一個無對或錯的無道德狀態。這種區別早在生物科學出現之前，就已被古人所觀察到，因此有「人禽之別」等論述。有趣的是，有時候我們利用動物這種無道德的特性，來譴責不道德的人類行為，例如使用「狼心狗肺」、「禽獸不如」等詞語。

對於大部分人來說，動物的社會定義比生物定義更常用，變相也鞏固了動物作為「他者」的身份。這身份塑造了人類與動物的關係，也導致了動物今天的生活狀況和待遇。我們認為與其他人類相比，對動物的關注可以少一點，甚至不需要。其實這種貶低他者的意識形態，不僅僅針對動物，人們也會偏心和優待自己熟悉的人。如今，我們理應不再是種族主義者，但是可悲的是，許多人仍然會在潛意識中（甚或有意識地）偏愛講相同語言或膚色相似的人，會更願意親近和幫助他們。不過，與「人類他者」相比，「動物他者」受到的不合理待遇可能會更為嚴重。縱使人們有時會對他人不好，但一般還是會承認這些人也有感受。動物的「他者」身份，卻不僅僅使牠們得到更少關注，還導致許多人否認動物擁有感知能力。否認和漠視動物感知，有意無意地導致了規模龐大的虐畜事件，例如現代化農業養殖模式對禽畜造成的傷害。

對於本書中的討論，「多細胞真核生物」這個動物的生物定義也不是很有用。因此，本書會沿用日常生活習慣，除非特別表明，否則「動物」均是指非人動物，而且是針對擁有某程度上的感知能力的非人動物。因為本書談論的是動物保護及相關道德議題，要獲得道德關注，受關注對象至少需要有感受苦樂的能力。擁有感知能力一般意味著擁有大腦或某種形式的中樞神經系統。譬如說，牡蠣、鮑魚和海綿等等，都屬於沒有大腦的動物，我們可以相信牠們不具有人類所理解的知覺和情感。因此，當我在此書提及動物時，一般不包括牠們。我在此處對動物和感知能力的定義不是最好，但對於我們的討論而言尚算足夠，因為這樣的定義已包含了絕大多數在人類社會中廣泛存在和被用作資源的動物。

---

1 Paul Waldau, *Animal Rights: What Everyone Needs To Know* (New York: Oxford University Press, 2010), p. 16.

Chapter 2

我們怎知道動物能感知苦樂，而非單純像機器般運作？

這個問題的答案，可謂是動物倫理的根基。如果動物沒有感知，人們用小刀把豬慢慢放血至死，與用匙羹一口一口吃西瓜，在倫理角度上並無差異。點燃狗的尾巴，跟點燃蠟燭也一樣，如果後者無不妥，前者也無不妥。可是，相信大家直覺上也會認為，兩者不能相提並論。一個是動物，一個是死物，而動物可能是有感知的。因此，動物是否有感知，不只是科學家會關注的問題，也是倫理問題，甚至可以成為社會問題。但即使這個問題是重要的，我們又能知道它的答案嗎？

《莊子．秋水》[1]中有一句出自惠子之口的名言：「子非魚，安知魚之樂？」意思就是說你既然不是魚，又怎知道牠們的感受？的確，我們只有作為人類的經驗，沒有成為過其他動物，沒有經歷過動物的生命，是不可能從第一身去知道牠們的感受。然而，我們與他人的關係可不都是一樣的狀況？正如莊子的回話：「子非我，安知我不知魚之樂？」你不是我，怎知道我知道或不知道什麼？雖然我們同是人類，但也只有作為自己的經驗，沒有成為過他人，沒有經歷過他人的生命。

但事實上，我們大部分時候還是神奇地能夠看得出他人的感受。試想像以下的情況：你正準備為一個小嬰兒洗澡，剛把小嬰兒放進水裡的一刻，他就開始哭鬧和掙扎。這時候你會怎樣做？當然是立刻把他抱起來。因為如果小嬰兒突然哭鬧和掙扎，他必定是覺得痛苦不適，而且必定是有東西導致他痛苦不適。單憑看到小嬰兒的行為和反應，你便能知道。就算沒有試過水溫，也會猜到很有可能是水太燙或太涼。整個過程中，我們不需要親自成為一個小嬰兒，或者回想自己嬰孩時期的經歷，才能猜對小嬰兒的感受。

這不是一種超能力。人類大約從兩歲起，便能夠從別人的行為反應看出他們的感受。要是人類沒有這種奇妙的能力，人際關係也難以建立，社會也難以運作。這不是因為我們擁有著完全相同的大腦，沒有兩個人的大腦是完全相同的，只是人類大腦在結構和運作上都是大同小異，所以個體差異不太重要。無論是用針扎成年人或小孩、女人或男人、黑人或白人，他們同樣會痛。某些人可能更不怕痛，但所有沒有接受麻醉的正常人都有能力感覺痛楚，頂多只是敏感程度不一。

一般人也可以挺準確地看出其他動物的需要和渴望，這是由於人類和其他動物擁有許多共同情感，以及這些情感的表達方式。譬如說，（試想像一下）如果我們被捉拿並被人鎖進鐵籠，正常人也會想逃脫，會嘗試尋找出路或者開鎖的方法。當動物被鎖進籠裡，牠們也會做同樣的事情。動物雖然不明白鎖和門的運作，但同樣會拚命尋找出口。我們看到牠們焦躁的行為，便明白牠們想要逃脫，不需懂得動物傳心術。另一方面，如果我們的逃脫嘗試總是失敗，籠子依舊是完好無缺，那麼到了某一刻，大多數人都會放棄。以後我們可能只是坐在角落，不再想反抗，對生命絕望。出於無聊，我們可能會做一些無意義的重複行為。當我們在動物園裡，看到被圈禁的動物有類似的模樣，或者在籠中踱步，我們也不難感受到牠們的無助。雖然我們不能總以「人類」的方式來理解動物的行為和感受，但在許多情況下，這種對動物的直覺還是很準確的，因為在人類這種動物和其他非人動物之間，有著比我們以為的更多的相似之處。

現代科學一般同意人類的生理感覺和心理感受均來自神經系統的作用。如果動物有著與人類相似的大腦和神經系統結構，那麼理論上牠們也能夠感知和經歷苦樂。我們不需要親自成為牠們方能得知，卻可以透過了解牠們的身體構造，測量牠們對外部環境的生理反應，以及觀察牠們的行為而知道。

話雖如此，在電腦遊戲《模擬市民》（SIMS）中，遊戲裡的貓狗也會表現出與真貓真狗非常相似的行為，裡面的「市民」的行為也是可以像真人一樣。如果觀察它們，也許會以為它們真的有意識。但我們知道它們只是電子屏幕上的光點，它們的反應和行為，都不證明它們擁有自我意識。我們又怎知道動物不是如此？

在十七世紀，哲學家笛卡兒（Descartes）便曾經將動物比作無心智的機器，受到刺激便會給予反應，牠們的行為都是生命程式所預設的。他認為，這便能解釋為何動物「看似」與人類一樣有感知和意識，但其實只是無意識的生命體，不知苦樂。對此，另一位哲學家伏爾泰（Voltaire）在其著作《哲學辭典（*Dictionnaire philosophique*）》中這樣回應：「大自然安排動物擁有這一切感覺器官，難道就是為了讓牠們不能感覺嗎？動物不也有神經系統？難道牠們不會有痛覺？不要以為大自然會使這種不合常理的矛盾發生。」伏爾泰認為，既然大腦和神經系統讓人類能擁有思想和感覺，我們沒有理由覺得這些器官在大象、狗、鴨子和其他動物身上，便突然不會有類似的作用。如果神經系統使我們在受傷時感到痛苦，教我們逃離傷害源頭，那麼擁有與人類相似的神經系統的物種——例如哺乳類和鳥類——亦同樣會在受傷時感到痛苦。人類其實也是哺乳類動物中的一員。

更有趣的問題是，機器人和機器內的程式從何而來？它們是人類的創造。很多人都看過機器人造反的電影，造反的機器人從何而來？追根究底仍然是人類的創造。《模擬市民》中的角色的「有意識行為」從何而來？只要問問遊戲編程員便知道，是他們特意把遊戲角色的程式編寫得看起來真實。

然而，大自然的動物並非人類的創造，牠們的各種自主行為也不是人類的設計。動物的身體結構、行為機制和學習能力，可能是從演化而來，可能是從超自然的造物者而來，反正不是從人類而來。就算人類擁有更改基因的技術，基因本身亦非人類的造物。因此，即使動物是根據預設程式而活動的「機器人」，牠們也不是人類的機器人，而是進化論或者造物主的機器人。若果真如此，同為受造物，人類又何嘗不是同樣的身份？如果我們這些「機器人」也能夠感知苦樂，為何動物便不能呢？動物的神經系統也不是人為產物，而像人類的一樣，經歷長久過程的進化而來。我們作為動物界一員，與非人動物有著共同的進化史，尤其是與其他哺乳動物。[2] 如果當我們感到極度不適時，會有叫喊、掙扎、試圖還擊或逃走等表現，那為何當其他動物作出相同表現時，我們卻要認為牠們只是像沒有感受的機器在運作？

不過，有時候人們否認動物的感知能力，不一定是出於自私原因，而是因為希望牠們好。為什麼動物要具備感知能力？如果牠們沒有感受，人類或其他捕獵動物對牠們的傷害，不是便不會讓牠們痛苦嗎？

感知痛苦和愉悅的能力，以及追求愉悅和逃避痛苦的渴望，其實是有助於生存的進化優勢，使動物包括人類去積極地趨吉避凶。達爾文（Darwin）曾解釋道：「痛楚或任何形式的痛苦如果長期持續下去，會導致抑鬱，並且降低行動力；然而這機制能使這物種防禦任何巨大或突然的生存威脅。另一方面，愉悅的感覺可以長期持續而不會產生任何負面效果。相反，這些感覺會刺激整個系統去變得更活躍。因此，現今事實是大多數甚或所有的有感知的物種，都是通過自然選擇（natural selection）這種方式發展，當中以愉悅的感覺塑造了牠們的行為習慣。」[3] 從生物演化角度來看，擁有感知能力使動物能夠從經驗中學習趨樂避苦，為個體和群體均帶來強大的生存優勢。若說單單只有人類才會演化出這個重要能力，實在說不通。

但有人又會認為，即使動物能感覺苦樂，牠們的感覺始終在本質上與人不同，因為人有複雜情感，擁有心靈或靈魂。這就是說，苦樂需要一個心靈去經歷，並非只是大腦和神經系統的作用，而動物沒有心靈，只有人類才有，因此動物並不會受苦，只是「看似在受苦」。這論點其實與機械論類似，也是毫無根據地把人類和所有其他動物以二元法區分，這次卻加入了「心靈」這些神秘元素。

我也相信人類擁有心靈——無論怎樣定義也好。我相信亦希望自己並非只有血肉之軀，並非單單由物理上的分子組成。可是相信歸相信，對於心靈，我們根本無從證實或推翻它的存在。即使大家都贊成人類擁有心靈，但我們又如何知道動物便沒有心靈，只是血肉之軀？我們怎樣證實牠們沒有心靈或靈魂，或者其他形式的「靈」？

與其討論抽象概念，何不善用現成科學？我們體內的神經系統使我們可以感覺外在事物，這些感覺會產生相關的內在情緒。雖然內在情緒只有自知，但我們通常會（有意或無意）透過外在行為把它表達出來。譬如說，當不小心燙到手指（外在刺激），手指皮膚的神經末端會將感覺傳給大腦，然後我們會感到痛苦和驚慌（內在情緒）。幾乎同時間，我們會發出「哎呀」或者「噢」之類的聲音，並立即把手縮開，遠離痛苦的根源（外在行為）。

現在，想像我們要在一頭牛的身上烙上記號，要把燒紅的鐵塊壓在牠身上。在這個程序進行的同時，我們測量牛在烙印前後的心跳率、呼吸頻率和血液中的「壓力荷爾蒙」（皮質醇，cortisol）水平。在牛被烙印的一刻，牠尖叫起來，嘗試掙扎逃脫——當然牠的四條腿是被牢牢束縛著的。完成後，只要查看收集到的數據，便可發現牛的內在生理反應與人類經歷痛楚時的反應相同：皮質醇水平明顯升高、心跳和呼吸加速等等。而牠亦表示出典型的痛苦反應行為，例如叫喊和掙扎，與人類大同小異。

如果動物在回應引致傷害的外界刺激時，有著與我們幾近相同的生理反應和外在行為，那麼為何牠們便不會有相同或者類似的內在情緒？事實上，人腦中負責情緒的部分——杏仁核（amygdala）——絕大部分的動物也擁有。人類和動物之間的差異在於較「高層次」方面，而痛苦和恐懼是基本、原始的感受，屬於人類和動物共有的。許多動物的感痛機制與人類相同，表示至少我們的痛苦經歷的某些面向也自然會有所重疊。4 不只如此，許多動物的感官都比人類要敏感上百倍，牠們的痛覺和對惡劣環境的反應，極可能比人類更敏感。5

哺乳動物的大腦結構都是大同小異，有些動物的腦袋甚至與人腦的結構完全相同，例如經常被用於動物實驗的大猩猩和猴子等靈長類動物。6 事實上，不少動物的腦容量更比人類大，例如抹香鯨、大象和寬吻海豚。而如果按腦部身體質量比（brain-to-body mass ratio）來看，章魚、鯊魚、老鼠和小型鳥類等動物都擁有比人類相對巨大的腦袋。7 另外，其他動物通常具有人類沒有的感官能力，例如感知磁場等等。

科學家常以人類中心的智力測試去評定每種動物的智力和認知，這對牠們有失公平。因為我們不能排除各種動物——包括人類——擁有不同形式的智力的可能性。例如，動物沒有自然發展出人類的語言系統，也不一定有關能力問題，而可能因為人類語言根本不能有效地應付牠們的溝通需要。人類也沒有發展出類似狗和麻雀的溝通系統，不代表人類比狗和麻雀愚蠢。每種生物如果有溝通的需要，便會發展出各自的溝通系統。一種動物不懂得和不會使用人類（以及其他動物物種）的語言，是自然不過的事。動物的能力不如人類，但這個「不如」是不等同的意思，並非指比不上。正如神學和動物倫理學家約翰．韋伯斯特（John Webster）所言：「與動物交流就像與外國人交流一樣。我們不應因為牠們聽不懂我們的語言，便假設牠們是愚鈍的一方。」[8]

二十世紀開始，不斷有科學家嘗試教會動物使用人類的語言，最常用的是鸚鵡和靈長類動物。當然，他們並沒有成功教出一隻可以跟你一起看電影和討論劇情的動物，但是科學家也有一些重要的發現。例如，黑猩猩能夠使用符號或動作，去表達一些牠想取得卻不在牠當時視野範圍內的事物。這看似理所當然的能力，其實證明了黑猩猩和人類一樣，擁有抽象概念和一定程度的抽象思考能力，而非只能察覺到當刻自己看得到的東西。[9] 大家對動物使用人類語言的研究有興趣的話，可以搜索黑猩猩 Lana、Sarah 和 Washoe 的資料，還有著名的非洲灰鸚鵡 Alex。

許多動物亦會演化出複雜的社交能力，更會對親近的同類表現出同理心。恆河猴會在地位較高的猴子面前裝笨，故意表現得比上級差。[10] 一些鳥知道有別的鳥在看著牠們時，會故意以障眼法般的手段去埋藏食物，以欺瞞觀察者食物的真正位置。[11] 而有（殘忍的）研究發現，當動物看到其他動物被殺死時，牠們會表現驚恐，血液中的皮質素（cortisone）水平、血壓和心跳率都會增加，反應和一個處於壓力和恐懼狀況下的人一樣。[12] 實驗室常客老鼠也有同樣反應，而研究員更發現，當老鼠看著同類受苦時，如果受苦的同類是牠們認識的老鼠，反應便會更強烈。13 這些發現其實並不出奇，人腦中負責社交、同理心、對他者感受的直覺以及即時反應的紡錘體細胞（spindle cells），同樣存在於許多動物的大腦中，包括鯨豚類。14 試想像一下像虎鯨和海豚這些複雜生物，牠們被囚禁在動物園而且被迫按人類時間表生活和表演的話，這是何等的痛苦。

除了語言和社交，記憶也不是人類的專利能力。動物擁有記憶，只是程度會因物種而異。例如，雞能認得大概八十隻共同生活的雞的臉孔，而綿羊也可以識別熟悉的綿羊和看護者的面孔，並且在分開數年後仍然認得。至於大象，牠們甚至可以記住相隔三十年沒見的另一頭大象！記憶能力是明顯的進化優勢，識別和認得同類和其他動物的能力，令動物社群生活得以運作，也讓牠們能從經驗中學習，躲避比較凶惡的同類和在同一環境出沒的捕食性動物。此外，動物擁有記憶也意味了牠們不僅能夠受苦，而且會從痛苦經歷中得到「情感傷疤」。許多曾照顧受虐動物的人都曾反映，這些動物在多年後縱然身體已康復，但卻仍為情緒創傷所困，表現出焦慮、抑鬱和偏執（paranoiac）等行為。15

而由於人與動物的心理機制之間存在相似之處，因此人類也經常在心理實驗中使用動物。為了了解人類思想和個性的某些面向，例如成癮、母子分離的影響和創傷後遺症等等，無數動物曾在實驗室裡被迫吸毒、被迫母子分離和刻意造成創傷。16 我們之所以在實驗中使用動物，是因為牠們既與人類相似，卻又普遍不像人類受試者那樣，能受到法律和道德守則的保護。

有些人覺得，動物的認知能力很可能不如人類，這樣的話牠們可能根本不太知道去恐懼痛苦。譬如說，對我們來講，被困在實驗室或者被綁在手術床上當然可怕，但對動物來說，牠們又不明白「實驗室」和「手術」是什麼，牠們的恐懼不一定那麼大。可是，有倫理學家指出，較低的認知能力，其實反而會令動物受到傷害時的痛苦和恐懼感更加強烈。[17] 人類複雜的「心靈」使我們幾乎能在任何惡劣情況下安慰自己，我們也能明白有些苦頭是暫時並且有益的，例如打針和接受手術治療。而且我們更了解人工環境，就算被困實驗室，我們能逃脫的希望也比動物大。但動物就如人類幼童以及認知障礙者一樣，無法充分理解造成痛苦的情況，不知道下一刻會發生什麼，面對現況只能驚惶恐懼。例如，很多狗在人類飼主離家上班時都會有分離焦慮（separation anxiety）。這些狗一生中每週都有五六天要經歷這種壓力，牠們在家裡搗亂或隨處小便，很多時候便是在表現對所愛的人失蹤的焦慮和恐懼。縱使狗算是聰明的動物，牠們也無法理解什麼是「上班」，更不會知道親愛的主人是否每天都會「下班」回家。因此，缺乏對人類世界的掌握和預計未來的能力，實際上可以增加動物焦慮和恐懼的強度。

以上，我羅列了眾多支持動物有感知和能受苦的理據。不過，我也需要澄清，無論他朝科學有多昌明，我們永遠也無法百分之百肯定動物的感受。這亦等同我們永遠也無法肯定身邊的人是否與自己一樣擁有思想和感受。或者所有的「其他人」都只是某位神甚至外星人的扯線木偶，做出各樣類似有心靈的行為，而我們永遠無法知道「真相」，因為我們始終不是他們——這就是哲學中著名的他心問題（problem of the other minds）。這是人類經歷的限制，縱然大家的經驗讓大家無法相信自己的伴侶和親人只是扯線木偶或者電腦程式，但事實是我們真的無從確定！這種不可知論可以成為一個有趣的茶餘哲學話題，但若變得極端，人人都信奉「他者無心」，只有自己才是有思想心靈的個體，這將嚴重危害社會和人際關係的正常運作。

其實，科學只是研究「現實」的手段，卻非現實本身。科學上的知識的確協助了人類去建構對現實的看法，但這建構出來的畫面不是現實本身——科學知識也有可能是錯誤的。科學本身便是一個不斷改正的過程。今天的永恆定律，明天可能便被新發現所推翻。所以，全然信任科學的人與從不相信科學的人同樣不明智。若我們重視科學更甚於一切，這也可以變成危險的事。

科學不是我的專業，科學證據也不是把我導向關懷動物的原因。我認為更重要的是，動物痛苦能使人產生同情心和同理心，這是人的自然反應。西方傳統的主流動物倫理學者多習慣以理性哲學討論來證明動物痛苦，而在東方——尤其是中國傳統思想中——動物痛苦一直以來獲得廣泛承認。例如在中國文化中，動物倫理的重點並非在於動物是否有痛苦感受，而是君子有情。[18] 所以當人見到動物受苦，心中情緒也會受觸動，此乃惻隱之情。因此，從這個角度看，不承認動物痛苦的人，不單單只是持不同的哲學觀點，這樣的人更是缺乏仁慈惻隱之心，會被視為品格有缺陷。

其實無論各派的哲學家持哪種觀點也好，在二十一世紀的今天，大眾對「有感知者」的定義早已包括動物在內。所有文明社會都視虐待動物為不道德的行為甚至罪行，違者會受到社會輿論譴責甚至法律制裁。而大多數的人即使是沒有研究過動物感知能力，也直覺相信動物有感覺，會怕痛楚，會愛享受。所以，當一隻動物身處痛苦的時候，牠的實際主觀感受如何，也不如旁觀人類的感受和反應如何，更值得我們深思。

於沙灘上享受日光浴的西貢牛。這些「流浪」牛的祖先絕大部分是往日香港的農用耕牛，在都市化的過程中，牠們和耕地一同被農民棄置，從此便在郊野生活和繁衍。「流浪」牛的生活看似寫意，但同時也危機四伏。牛隻因被車撞或被人惡意殘害而受傷甚至死亡的事件時有發生。儘管牠們的上一代曾是城市發展的「有功之臣」，今天牠們卻連在這片土地平安生存的權利都難保了。

筆者攝。

＊拍攝動物時，切勿使用閃光燈，亦不宜胡亂餵飼或騷擾牠們。

1 中國古代文獻原文可參看「中國哲學書電子化計劃」網頁：https://ctext.org/zh。

2 Peter Singer, *Animal Liberation: The Definitive Classic of the Animal Movement Updated Edition* (New York: HarperCollins Publishers, 2009), p. 11.

3 Nora Barlow, *The Autobiography of Charles Darwin 1809-1882* (New York: W.W. Norton & Company Ltd., 2005), p. 74.

4 Paul Waldau, *Animal Rights: What Everyone Needs To Know* (New York: Oxford University Press, 2010), p. 15.

5 Richard Serjeant, *The Spectrum of Pain* (London: Rupert Hart-Davis, 1969), p. 72.

6 同註4，頁一七〇。

7 Göran E. Nilsson, (1996). "Brain and Body Oxygen Requirements of Gnathonemus Petersii, a Fish with an Exceptionally Large Brain", *The Journal of Experimental Biology*, Vol.199 No.3 (1996), pp. 603-607; Stephen Jay Gould, *Ever Since Darwin: Reflections in Natural History* (New York: W.W. Norton & Company Ltd., 1977).

8 John Webster, *Animal Welfare: Limping Towards Eden: A Practical Approach to Redressing the Problem of Our Dominion Over the Animals* (Universities Federation for Animal Welfare (UFAW), 2005), p. 55.

9 Ray Jackendoff, *Patterns in the Mind: Language and Human Nature* (New York: BasicBooks, 1994), pp. 126-140.

10 Christine M. Drea and Kim Wallen, "Low-Status Monkeys 'Play Dumb' When Learning in Mixed Social Groups", *Proceedings of the National Academy of Sciences*, Vol.96 (1999), pp. 12965-12969.

11 Nicola S. Clayton, Joanna M. Dally, and Nathan J. Emery, "Social Cognition by Food-Caching Corvids: The Western Scrub-Jay as a Natural Psychologist", *Philosophical Transactions of the Royal Society B: Biological Sciences*, Vol.362 (Apr, 2007), pp. 507-511.

12 Aysha Akhtar, "The Flaws and Human Harms of Animal Experimentation", *Cambridge quarterly of healthcare ethics*, Vol.24 No.4 (2015), pp. 407-419.

13 Dale J. Langford , Sara E. Crager, Zarrar Shehzad et al., "Social Modulation of Pain as Evidence for Empathy in Mice," *Science*, Vol.312 (Jun, 2006), pp. 1967-1970.

14 Andy Coghlan, "Whales Get Emotional", *New Scientist*, Vol.192 No.2580 (Dec, 2006), pp. 6-7.

15 Margo DeMello, *Animal and Society: An Introduction to Human-Animal Studies* (New York: Columbia University Press, 2012), p. 362.

16 同註4，頁十六。

17 John Webster, *Animal Welfare: Limping Towards Eden: A Practical Approach to Redressing the Problem of Our Dominion Over the Animals* (Universities Federation for Animal Welfare (UFAW), 2005), p. 71.

18 Tongdong Bai, "The Price of Serving Meat – On Confucius' s and Mencius' s Views of Human and Animal Rights" , *Asian Phiiosophy*, Vol.19 No.1 (2009), pp. 85-99.

Chapter 3

魚也有感知嗎？

在人類廣泛食用的眾多動物之中，魚算是與我們最不相似。豬、牛、羊、雞、鴨、鵝等等，就算有毛有翼，有蹄有角，至少也跟我們一樣呼吸著空氣，而魚類卻是用不知什麼魔法，呼吸水中的氧氣。也許由於魚特別與人不同，以致有些人即使承認了動物有感知，也會把魚兒們排除在感知圈之外。

對於那些有養過魚作為寵物，有用心照顧過牠們的飼主來説，魚有感覺和思想這一點是昭然若揭的。根據筆者自己養魚的經驗，魚雖然不比貓狗聰明（以人類的準則來説），但牠們明顯有自己的一套生活方式，與陸地上的生物迥然不同。這種不同卻不代表誰比誰遜色。

只要仔細觀察魚的活動，便會發現魚表現出非隨機的行為模式。牠們的眼睛雖然與許多動物有很大的區別，沒有眼瞼，但魚眼並非一般人以為的目光呆滯地看著一個方向，而是會在眼窩裡靈活轉動，時刻留意著四周。當魚感到不適或生病時，牠們不僅會減少活動或作出異常動作，眼神亦會變得沒精打采。在一個水族箱裡，即使是同一種類的魚，每條魚都有不同的個性。通常某條魚會是「老大」，其他魚都躲避牠。而如果有魚不識好歹游近「老大」或進入了牠的地盤，便會被牠無情地驅逐。有些魚特別好奇，熱衷於不斷探索環境和把玩魚缸裡的東西，有些則膽小害羞，大部分時間寧願躲起來。每條魚通常亦有自己偏愛活動和休息的地方，你總能在那塊區域找到牠。用心飼養魚兒的魚主，不難發現牠們也會從經驗中學習，注意到環境的變化，並且有某程度上的記憶。

從生物學角度講，魚類具有複雜的生理結構、大腦和脊柱。和很多動物一樣，魚擁有感受痛楚所需的一切硬件，而有些人卻堅持牠們不能感到痛楚，這不是很奇怪嗎？不過，這些人的懷疑也是可以理解的。在過去，不少科學家一直以為生物的大腦中必須有一個稱為新皮質（neocortex），即大腦中呈花椰菜狀的部分，該種生物才能夠經歷痛楚的感覺。[1] 問題是，只有哺乳類動物的大腦才具有這一部分。魚類作為脊椎動物的一員，具有與哺乳動物基本上相同的生理器官和部分，包括脊椎、感官系統和由一個大腦所控制的周邊神經系統。可是，造物者並沒有在魚的小腦袋中放入新皮質這東西。這便引起了魚能否感受苦樂的爭辯。[2]

不過，鳥類的大腦中也缺乏新皮質。我們在街上看到的活潑麻雀、為人類服務了起碼四千年的信鴿、能被訓練向人問好的鸚鵡——牠們全都不擁有新皮質。但連科學家也無法否認的是，鳥類懂得製作和使用簡單工具、相隔數月仍能記得埋藏食物的位置、能夠按顏色和形狀把物件分類、可以識別出熟悉的鳥類伙伴的聲音以及日落時會使用獨有「名稱」將每隻雛鳥叫回鳥巢等等。[3] 世界知名的非洲灰鸚鵡 Alex（1976-2007）在哈佛大學和布蘭代斯大學進行的鳥類語言實驗中，更證明了鳥類甚至能進行基本邏輯推理，並能夠具創意地使用英文單詞。4

就連經常出現在餐桌上、一般不會令人聯想到高智商的雞，也能表現出高度的認知能力和情感。動物研究學者安妮．波茨教授（Prof. Annie Potts）在家庭農場長大，這位從個人經驗和生物科學角度上都非常了解雞隻的學者寫道，雞胎仍然在蛋中時便擁有記憶，當牠們孵化來到世上時，感官系統已經非常發達，以至於能夠立刻認出母雞，並且在短短數小時內開始向牠學習生存技巧。母雞會費盡精力關照她的小雞，並用獨特的「名字」呼叫每隻小雞。隨著小雞成長，牠們會漸漸意識到雞群對自身安全的重要性，會學習融入雞群。雞能識別並記得雞群內其他一百多隻雞的面孔。當雞與群體中的某些成員成為了更親密的朋友後，牠們往往會一同覓食和洗沙浴。雖然雞不是一般人心中的候選寵物，但其實牠們也擁有類似於人類的關愛、欺騙、利他和悲傷等行為表現，而遭受驚嚇或傷害後，更會有創傷後遺症的表現。5

鳥類是一個活生生的證據，表明擁有新皮質不是擁有意識、經驗、智力甚至感痛能力的必要條件。這是因為儘管鳥類缺少了新皮質，卻擁有古皮質（paleocortex），這部分同樣具有類似功能。埃默里大學的神經科學家洛里．馬里諾（Lori Marino）解釋道：「有很多方法可以使生物擁有複雜意識，如果說魚因為缺少某一特定神經組織所以是不會感到痛楚，這就等於在說氫氣球因為沒有翅膀所以是不會飛行的。」[6]

哺乳動物不是生物世界的中心——雖然人類常常偏袒牠們。回到魚類的問題上，儘管魚類也缺乏新皮質，但牠們擁有腦皮質（pallium）。魚類大腦中的腦皮質，就等於哺乳動物的新皮質和鳥類的古皮質，具有多種認知功能，包括學習、記憶、個體識別、工具使用和群體合作等等。腦皮質亦使得魚類大腦能夠接收由化學和物理刺激所產生的神經訊號。[7]

有些人聲稱釣魚對魚的傷害不大，事實上，在這項活動中魚應該是非常痛苦的。魚的神經系統非常發達，遍佈全身，在臉頰部位更特別密集。魚的面神經包含A-δ（A-delta）纖維和C纖維。人類和其他哺乳動物也擁有這兩種纖維，它們分別負責兩類疼痛感覺：創傷後的劇烈痛楚和隨之而來的鈍痛感。[8] 不幸地誤食誘餌而被粗暴勾破臉頰的魚，必然劇痛難當，就算把牠放回水裡，牠也很可能會因為傷口太大或受到感染，而慢慢死亡。

魚不但會對不同類型的傷害有所反應，例如物理性傷害（如割傷和刺傷）、灼傷和酸性化學物質造成的腐蝕性燒傷，在受傷或受驚嚇後，痛楚和焦慮更會持續一段時間。[9] 一般來說，當魚處於痛楚或壓力中，鰓部會因為呼吸加快而開合得比平常更頻繁。因此，科學家通常使用魚鰓跳動率（gill beat rate）——即鰓蓋打開和關閉的速度——作為可即時觀察到的受壓指標。在一個實驗中，研究員往虹鱒魚[10]嘴裡注射蜂毒和醋，給牠們造成輕微至中度的痛楚。實驗結果發現，經過「處理」的鱒魚的魚鰓跳動率直到三個半小時後，才能恢復正常水平。[11] 與沒有接受「處理」的對照組的鱒魚相比，經歷過痛楚的鱒魚對食物也久久提不起興趣。不過，使用了嗎啡（一種止痛劑）後，鱒魚對痛楚的長期不良反應卻大大降低了。[12]

一般情況下，當我們在水族箱裡放入新的物體，魚兒一定會發現並在初期刻意避開這外來物。實驗發現，疼痛感似乎也會削弱魚隻辨識和避免新奇物體的認知能力。[13] 研究人員把一個水族箱裡的魚全部移走，再在其中加入一座紅色的樂高積木塔。魚被移走期間，他們用醋弄痛了一部分的魚。把所有魚都放回水族箱後，結果發現沒有被弄痛的對照組魚隻，都避開了新來的樂高塔好一段時間，只有被弄痛過的實驗組魚隻仍然在塔的附近徘徊，對它視若無睹。研究人員認為，醋帶來的痛感讓魚分心，導致這些魚甚至無法表現正常的生存行為。同樣地，如果為魚隻提供嗎啡，牠們的認知能力和行為則不太受先前的痛苦事件所影響。

這些實驗聽起來有點多餘，因為很多人從直覺上已經能夠猜到了結果，完全不是什麼驚人發現。不過，如果需要科學上的證據，這些研究成果都指向同一結論：魚的感受並非一痛而過，其機制更是與人類的疼痛經歷極為相似。魚類不僅感受到痛楚，甚至在認知層面上會受這種感覺所影響。而如何影響，則會視乎個體和情況而異，所以牠們不是在對負面刺激做出機械式反應而已。不僅如此，在經歷過導致痛苦的情況後，魚還會從錯誤中學習。鯉魚和狗魚被魚鉤傷害過一次後，如果僥倖生還，接下來長達三年的時間牠們都會懂得躲避誘餌，漁民一直以來稱這種行為為「魚鈎恐懼症（hook shyness）」。[14] 不過，研究人員同時亦發現，當有魚鈎恐懼症的魚非常飢餓時，牠們的飢餓感有時會克服了恐懼，驅使牠們選擇碰碰運氣，再次去咬誘餌。

像很多「高等」動物一樣，魚的健康亦受長期而得不到緩解的壓力所影響。[15] 皮質醇是脊椎動物包括人類的應激激素。當魚受到捕捉、觸碰、驚嚇、高溫或酸性物質等等各種壓力所刺激後，魚體內同樣會積聚大量皮質醇。[16] 在市場裡和運送途中，魚常常長時間被放在水量僅僅足夠覆蓋身體的容器中，實驗證明這做法也會顯著提高魚的血液皮質醇水平。[17] 就像其他動物一樣，長期高水平的皮質醇可導致魚隻肌肉無力，表現焦慮和煩躁，並且抑制魚體的免疫功能。[18]

與此同時，魚的生命當然不僅有痛苦，牠們的「魚生」也可以有快樂。魚很會找樂子，牠們會跟物件、其他魚甚至水流嬉戲。以前我家的魚兒每天都忙於檢查和挪動水族箱裡的裝飾品、溫度計、水草、小石頭和底沙。牠們有時也會和其他魚朋友一起並肩游泳，或者互相追逐和假裝打架——有時候是真的打起來。許多養過魚的人還觀察到自己家的魚無聊起來會跟水流玩耍，有些魚喜歡在濾水器的出水處玩「逆流而上」。魚還會展現出動物行為學家所謂的「聯想推理能力」，牠們會將過去經驗應用於未來的新環境，而在覓食時，也會觀察和參考其他魚的行為，以更快找到食物和躲避危險。19

科學界的普遍共識已經承認了魚類意識和感痛能力的存在。事實上，意識和感知很可能就是首先出現在魚類當中。20 生命來自海洋，魚是世上最早出現的脊椎動物，以及最早透過兩性交合繁殖後代的動物（所以魚水之歡的確來自魚類）。魚類在大海裡進化了大概一億多年後，哺乳動物和鳥類的共同祖先才第一次離開水面，踏上陸地。

魚類是否有感知這個問題，有什麼重要呢？每年全球大約有一至三萬億條魚被人類所殺，當中未包括被誤捉以及被魚網纏住而死的魚（漁業界稱之為「混獲」）。21 而根據估計，每年在釣魚等人類「消閒」活動中，大約有四百七十億條魚被捕撈，當中約三分之一會被屠宰食用，其餘的三分之二則會被放回水中。22 由於頭部和吻部受到鈎或其他捕魚工具重創，這些被放生的魚實在是被「放死」。而被捕捉上水的魚大部分都是死於窒息。

窒息至死這個痛苦的過程，最多可以持續長達二十分鐘，視乎魚種而異。活著到達市場的魚也不好過，在屠宰過程中，較大的魚經常是被木棒打死，但一般只是被打至半死。不少魚隻在仍然有意識時，便被屠夫刮鱗和剖腹。23

考慮到魚類確實會感到痛苦並擁有意識這一事實，再考慮到全球被虐待的魚類的龐大數量，我們實在應該採取一些措施來盡量減少這大規模的道德危機。不幸的是，到目前為止，即使是在擁有動物福利保護法的國家和地區中，魚類也不是經常被涵蓋在保護範圍之內。

被視為食物的魚固然命運悲慘，而許多寵物魚也在人類家中長年默默受苦。雖然這種苦不能與被殘殺相比，但也不是不值一提。以往作為魚主的時候，我總會竭盡所能確保魚兒在有限的空間裡，能過最舒適的生活，得到溫飽、合適數量和品種的同伴、可供玩耍的小物件和藏身的地方。可是一般而言，由於無知和距離感，與其他家庭寵物相比，人們對魚的照顧和重視程度相對低很多。人們普遍以為寵物魚不需要太多的活動空間和照料，以為養魚只要給水給食物便可，牠們在「缸徒四壁」的環境裡也不會覺得無聊。而即使寵物魚染病甚至死亡，要「更換」牠們也是廉價、輕而易舉的事。

1 Jonathan Balcombe, *What a Fish Knows: The Inner Lives of Our Underwater Cousins* (New York: Farrar, Straus and Giroux, 2016), p. 74.

2 James D. Rose, "The Neurobehavioral Nature of Fishes and the Question of Awareness and Pain", *Reviews in Fisheries Science*, Vol.10 No.1 (2002), pp. 1-38.

3 Erich D. Jarvis, Onur Güntürkün, Laura Bruce et al., "Avian Brains and a New Understanding of Vertebrate Brain Evolution", *Nature Reviews Neuroscience*, Vol.6 (2005), pp. 151-159.

4 Irene Pepperberg, "Talking with Alex: Logic and Speech in Parrots", *Scientific American*, Vol.9 No.4 (1998), pp. 60-65.

5 "The Joy of Chickens" by Professor Annie Potts, in Margo DeMello, *Animal and Society: An Introduction to Human-Animal Studies* (New York: Columbia University Press, 2012), p. 56.

6 同註1，頁七十五。

7 E. Scott Weber, "Fish Analgesia: Pain, Stress, Fear Aversion, or Nociception?". *Veterinary Clinics of North America: Exotic Animal Practice*, Vol.14 No.1 (2011), pp. 21-32.

8 Victoria A. Braithwaite and Philip Boulcott, "Pain Perception, Aversion and Fear in Fish", *Diseases of Aquatic Organisms*, Vol.75 No.2 (Jun, 2007), pp. 131-138.

9 同註1，頁七十八至七十九。

10 虹鱒魚是典型的硬骨魚類，經常在魚類實驗中被使用。

11 Lynne U. Sneddon, Victoria A. Braithwaite, and Michael J. Gentle, "Do Fish Have Nociceptors: Evidence for the Evolution of a Vertebrate Sensory System", *Proceedings of the Royal Society B: Biological Sciences*, Vol.270 No.1520 (2003), pp. 1115-1121.

12 Lynne U. Sneddon, "The Evidence for Pain in Fish: the Use of Morphine as an Analgesic", *Applied Animal Behaviour Science*, Vol.83 No.2 (2003), pp. 153-162.

13 Lynne U. Sneddon, Victoria A. Braithwaite, and Michael J. Gentle, "Novel Object Test: Examining Pain and Fear in the Rainbow Trout", *The Journal of Pain*, Vol.4 No.8 (2003), pp. 431-440.

14 J. J. Beukema, "Acquired Hook-avoidance in the Pike Esox Lucius L. Fished with Artificial and Natural Baits", *Journal of Fish Biology*, Vol.2 (1970), pp. 155-160.

15 同註1，頁九十一。

16 Bastien Sadoul and Geffroy Benjamin, "Measuring Cortisol, the Major Stress Hormone in Fishes", *Journal of Fish Biology*, Vol.94 No.4 (2019), pp. 540-555.

17 Marta Soares, Rui F. Oliveira, Albert F. H. Ros et al., "Tactile Stimulation Lowers Stress in Fish", *Nature Communications*, Vol.2 No.1 (2011), p. 534.

18 同註1，頁九十一。

19 Redouan Bshary, Wolfgang Wickler, and Hans Fricke, "Fish Cognition: A Primate's Eye View", *Animal Cognition*, Vol.5 No.1 (Mar, 2002), pp. 1-13.

20 同註1，頁八十四至八十五。

21 Food and Agriculture Organization (FAO), *The State of World Fisheries and Aquaculture 2012* (Rome: Food and Agriculture Organization, 2012), p. 209.

22 Steven J. Cooke and Ian G. Cowx, "The Role of Recreational Fishing in Global Fish Crises", *Bioscience*, Vol.54 No.9 (Sept, 2004), pp. 857-859.

23 Kerry Walters, (2012). Vegetarianism: a Guide for the *Perplexed* (London: Continuum, 2012), p. 28.

Chapter 4

動物不是大自然給予人類取用的天然資源嗎？

《聖經》中有這樣的一段話：「地上的各種野獸，天空的各種飛鳥，地上的各種爬蟲和水中的各種游魚，都要對你們表示驚恐畏懼：這一切都已交在你們手中。凡有生命的動物，都可作你們的食物；我將這一切賜給你們，有如以前賜給你們蔬菜一樣。」[1] 大家可能不是信奉這一位上帝，不過，大多數現代人的確相信世上的花草樹木鳥獸蟲魚都「已交在我們手中」，它們在大自然中的存在，是為我們所用——可以吃、可以穿、可以騎、可以射、可以釣、可以成為實驗品、可以成為展覽品或者使之表演雜技。

但說實話，我們連自己為何生在世界的原因也不能確定，又如何能宣稱知道「神」和大自然的旨意？我們可以抱有自己的信念，但其他人也可以有他們的信念。如果把「人類支配動物是大自然的旨意」當成普遍真理或常識來宣稱時，就等同一個咄咄逼人的傳教者，將自己的宗教強加於他人。而且，就算全世界每個人都相信動物是大自然供給人類使用和支配，這仍然只是人類的集體信念。所有人都相信一件事，並不會把它變成事實。在很長的一段時間裡，我們也曾經集體相信地球是平坦的。

更誠實的說法應該是，我們並不知道那是否大自然的旨意。不過，人為了生存，無可厚非要消耗其他生物。人類這種生物，如同所有的其他動物一樣，必須依靠外界資源才能續命。這些資源最終就是來自大自然。動物自古便是人類糧食中重要的一部分。人類是雜食性的，雜食就是動植物皆可食，考古得來的資料亦顯示原始人類的確也是動植物皆吃。[2] 對於遠古的人類祖先來說，可以成為肉的動物甚至包括了自己的同類。[3] 所以，動物確實是人類「一直以來」取用的天然資源，無論對或錯也好。

世界和人類文明會改變，社會模式也發生過許多變化，我們可以在歷史上看到很多這樣的例子，而今天絕大部分人類也不再吃同類。所以，儘管我們「一直以來」使用動物，但我也不能肯定地說在一百年之後，這仍會是常態。只是，既然暫時來說，大部分人仍然相信人類可以取用動物作為天然資源，我們可以從這個點上開始思考更有實際意義的問題，譬如說，我們應該如何取用動物這種資源？

動物像所有其他的生物性資源一樣，都不是源源不盡的，一下子用光的話，之後便沒有了。譬如說，過度捕獵野生動物的話，牠們沒有足夠時間繁殖，便會絕種。某一物種的消失，也會影響到生態鏈中其他的物種，最終人類利益也會受損。動物如是，植物如是，其他「死物」資源如是（例如石油、金屬、水和土地）。連古人也知道「樹木以時伐，禽獸以時殺」這道理。[4] 所以，我們是需要取之以時和用之有節，這既是美德也是策略。

但撇開環境和生態保護的問題，對於動物的使用，大眾心中往往更有一套跟環保無直接關係的「倫理觀」。同樣是屠宰一頭豬作食物，一般人都會覺得快快把牠殺死，比起活生生的一塊一塊肉割下來好得多。若然只是收割蔬菜，用小刀把蔬菜慢慢割下來，還是鐮刀一揮割下來，在我們心理上兩者帶來的感受都一樣，只是前者比較費時而已。因此，在我們的潛意識裡，取用動物不盡相同於取用其他天然資源。取用動物時，不單單需要取之有時有度，看來還有別的因素我們覺得需要顧及。

事實上，動物的確不同於其他天然資源，牠們是人類在自然界中的最近親，與我們有著相似的眼神、行為甚至心智。在生物分類上，人類動物本就是一家，人類（*homo sapien*）就是脊椎動物門、哺乳動物綱的一員。在生理結構上，動物與我們有很多相似之處，尤其是脊椎動物例如禽鳥、走獸、魚和兩棲爬蟲類。動物對外在環境有一定程度的認知，有感覺和痛覺，有基本情感例如恐懼、沉悶、興奮和憤怒。如同進化論之父達爾文所言：「人類與高等動物的心智之間的差異，儘管看似差天共地，卻無疑只是程度上而非本質上的差異。」[5]

由於動物的特別地位，對動物的取用不能只從生態環保的角度考慮。在古代西方，當基督宗教比較普及時，談論動物倫理的人相對較少。因為信徒一般相信上帝已經給予人類使用動物的自由和權利，所以即使隨意使用這些「上帝的恩賜」也不會犯禁。[6]（其實這想法不太正確，就算只是借來的玩具，我們也會小心對待，何況是上帝交予人類而且有血有肉的活物，不是更該愛惜嗎？）經過十八世紀的啟蒙運動（Enlightenment）後，科學和理性主義大幅地取代了宗教的地位，自此人們開始注意動物的感知能力以及人與動物的相似性。現代西方動物倫理的論述，大多建基於動物有感知這一事實上，再從這個點推論到人類應該同情和關心同樣有感知的動物。

↙「依我看來，如果我不可傷害我的動物伙伴，那不是由於牠們是理性的，而更應是因為牠們是擁有感知能力的生物：這種人禽共有的特質，至少賦予了動物不受人類肆意虐待的權利。」——盧梭（Jean-Jacques Rousseau），《論人類不平等的起源與基礎》7

↙「一個行為的正確與錯誤，取決於它所帶來的快樂或痛苦的多少；動物能夠感受苦樂，因此在判斷人的行為的對錯時，必須把動物的苦樂也考慮進去。黑皮膚的顏色不是一個人遭受暴君任意折磨的理由；同樣，腿的數量、皮膚上的絨毛或脊骨終點的位置也不是使有感覺能力的存在物遭受折磨的理由。」——邊沁（Jeremy Bentham），《道德與立法原理導論》8

↙「只要某個生物能夠感知痛苦，我們在道德上便沒有理由拒絕把其痛苦感受予以考慮。無論該生物本質為何物，平等原則均要求我們把其痛苦與任何其他生物的類似痛苦——

如果大致可相比擬——平等視之。」——彼得．辛格（Peter Singer），《動物解放》[9]

而在中華文化中，有關動物倫理這題目早在先秦諸子之間已開始討論（約公元前二二一年前），側重點明顯與西方有異，重視情感和直覺多於理性和科學。除了漢傳佛教以外，主流文化思想均沒有完全禁止使用動物。不過，儒釋道各家都同樣要求人們以仁待物，戒絕殘暴和濫用。主要的理據是，每當人看到動物受苦時的情狀或聽到動物的哀鳴，很自然會同情牠們的痛苦，並無可避免會感到不忍和難過。而且動物與人同為血氣之屬，牠們的生命也有一定的珍貴性，不應暴殄。

↙**「君子之於禽獸也，見其生，不忍見其死；聞其聲，不忍食其肉。」**——孟子，《孟子．梁惠王上》

↙**「見孺子之入於井，而必有怵惕惻隱之心焉，是其仁之與孺子而為一體也；孺子猶同類者也，見鳥獸之哀鳴觳觫，而必有不忍之心焉，是其仁之與鳥獸而為一體也。」**——王陽明，《王陽明全集・悟真錄之七・續編一》

↙**「禽獸之生，雖與人異，然原其稟氣賦形之所自，而察其說生惡死之大情，則亦未始不**

與人同也。」——朱子，《四書或問．卷二十六》

↙**「何謂愛惜物命？凡人之所以為人者，惟此惻隱之心而已；求仁者求此，積德者積此。周禮、孟春之月，犧牲毋用牝。孟子謂君子遠庖廚，所以全吾惻隱之心也。」**——袁了凡，《了凡四訓》

在這方面，東方的傳統動物倫理可能比西方的優勝。先不說生物學上關於動物感知的證據，大眾一般早已認為動物是有知有覺，甚至有情。這不是單純的迷信，而是擁有同理心的人類從觀察動物和與之相處所得的經驗之談。所以，訴諸人心中不忍之情的動物倫理思想，比訴諸科學的論點會較為「親民」。令人惋惜的是，現今的華人社會總誤以為動物倫理是「洋貨」，卻遺忘了自身傳統文化中對萬物的感通能力和惻隱美德，這也造成了今天人們以為中國沒有動物倫理的假象。

那同情動物又是不是感情用事呢？是否訴諸於科學和理性才更具權威？其實，人類本來就是理性和感情的產物。在道德是非面前，我們也沒有必要裝作完全理性。情感和同情心是人性中正常和自然的一部分，可以作為分析道德立場的基礎。真正的道德行為，需要在情感上真心為之。反之，如果只是由於頭腦上的認知，而認為需要做某事，心裡卻不情不願，這不能算是真正的道德行為。10 我們的情感反應亦可以反映出什麼是在道德上重要的事。如果我們知道有人為了好玩而用沸水把小雞活活燙死，我們會感到震驚和難受。我們不一定懂得理性地解釋，為何自己會有這樣的感受，但在感性上，我們「就是知道」以不必要的殘酷方式虐待動物是不道德的行為。道德規條和創立它們的人類一樣，都是理性和情感的合成物，缺一不可。

無論從東西哪方的出發點看動物倫理，其實得出的結論大同小異。我們在此可以求同存異，先不管「小異」，著眼於討論「大同」。當中的大同就是說：人類對動物有道德責任，不應肆意虐待。這項道德責任是什麼？具體來說，由於動物是「有感知的資源」，所以在使用動物時，無論是用牠們作食物、皮毛、實驗對象、坐騎、比賽選手、表演者、展覽品、守衛還是家庭寵物，我們都應該以「尊重」和「愛護」作為行事準則。

一 尊重動物

動物不受人類社會的一套禮儀，我們實在無須跟牠打招呼或點頭微笑。那什麼叫「尊重」動物？有兩點，可分為以動物物種和動物個體來講。尊重一個動物物種，就是不使牠們滅絕，不作威脅到整個物種生存的事；而尊重一個動物個體，則是讓各種動物都能順其天性發展，不以人力阻撓或將其扭曲。

實不相瞞，以上的主張都是我抄襲得來的。環保、生態文明和可持續發展等等，並不只是近代或西方的概念。早在古代中國夏商周時期，已經有保護自然生態的意識和實踐。[11] 周文王是史家皆知的環保大使，他教導太子「川澤非時不入網罟，以成魚鱉之長；不卵不䴠，以成鳥獸之長。畋獵唯時，不殺童羊，不夭胎，童牛不服，童馬不馳不騖，澤不行害。」[12] 而據說世上最早出現（可能也是最嚴苛）的環保法，就是在西周時期周文王所頒的《崇伐令》：「毋伐樹木，毋動六畜，有不如令者死無赦。」[13] 這法例實在是太嚇人了，不過大部分的環保法例或勸籲還是合情理的。《禮記・王制》也有保護生態延續性的相關規條：「昆蟲未蟄，不以火田，不麛（不殺幼鹿），不卵，不殺胎，不殀夭，不覆巢。」而孔子「釣而不綱，弋不射宿」[14]，正是既不想把水中游魚趕盡殺絕，也不願歸巢之鳥無法回家餵哺幼雛。這一來是出於環保的考慮，二來也表現出為動物的生存和延續著想的大愛。

同樣地，尊重動物天性亦非什麼創新前衛的思想。讀過《莊子》的人應該知道，莊子尤其喜愛動物。他可算是古代的動物行為學家，非常了解各種動物的自然天性，亦常為牠們被迫「失性」而感嘆。古人代步多用馬，耕作多用牛，牛和馬算是隨處可見的動物。莊子尤其同情這兩種被人類看作工具的動物，他寫道：「牛馬四足，是謂天；落馬首，穿牛鼻，是謂人。故曰：無以人滅天。」[15] 而使馬失性的伯樂也屢受莊子批評，他說：「馬，蹄可以踐霜雪，毛可以禦風寒，齕草飲水，翹足而陸。此馬之真性也。雖有義臺、路寢，無所用之。及至伯樂，曰：『我善治馬。』燒之剔之，刻之雒之，連之以羈馽，編之以皁棧，馬之死者十二三矣。」[16] 可見莊子的愛馬之情，明顯與伯樂有異。莊子的敢言不止於此，他亦曾直言當時人們的養鳥行為對禽鳥天性的殘害：「澤雉十步一啄，百步一飲，不蘄畜乎樊中。神雖王，不善也。」[17]

即使要使用動物，也要用之有道。北宋理學家和教育家程頤曾道：「服牛乘馬，皆因其性而為之。胡不乘牛而服馬乎？理之所不可。」[18] 人不可罔顧動物的天性，甚至不考慮牠們本身的承受能力，而不當地使用牠們，這是有違常理的。放到現代來看，野生動物表演就是其中一種褻瀆自然的罪過。這種所謂的娛樂只能讓不知情的觀眾有片刻快感，遠遠談不上有益心靈，卻要讓無數本來可以遨遊於天地的動物終生被困，也長期置馴獸師和照顧人員於危險中。「萬物皆有理，順之則易，逆之則難。各循其理，何勞於己力哉？」[19]

如果動物能言語，大部分的動物應該會說：「離遠一點就好，不需要愛我。」動物本是天生天養，人類的愛護和照顧本來就是多餘的。不過，由於我們要使用牠們的皮肉和勞力，人和動物的生活無可避免地相交重疊。動物在無從選擇之下，由天生天養變成了要由「人生人養」，因此我們才有了照料和愛護牠們的責任。

愛護動物同樣可以分為對動物物種和動物個體兩方面。愛護一個動物物種，就是無論該物種是否處於瀕危的狀態，都不濫取牠們的生命，並盡可能尋找替代品；而愛護一個動物個體，就是在非得要使用動物時，不使牠受到過量、過份或者不必要的傷害，確保牠們在過程中（包括養殖時以及採用時）所承受的傷害和痛苦已盡一切可能減至最少。

愛護動物之舉，也是順應人心之道。「見鳥獸之哀鳴觳觫」時，人的惻隱之心必受到觸動，因為殘酷無情並非正常人的本性。[20] 在《禮記・玉藻》中，孟子亦曾言：「君無故不殺牛，大夫無故不殺羊，士無故不殺犬豕。君子遠庖廚，凡有血氣之類，弗身踐也。」這句話有兩個關鍵點——「無故不殺」和「遠庖廚」。「無故不殺」亦即是不濫殺，盡量少取物命。當中提到的牛、羊、狗和豬從來不是瀕危動物，牠們的殺與不殺，與環境保護沒有直接關係。由此可見，此處的「無故不殺」主要不是出於生態考量，而是奉勸大家要愛惜物命，明顯地傳統儒家也把好生視為一種美德。至於「遠庖廚」，這是前幾句好生言論的延續。古代物質相對匱乏，一般大眾也許不能對食物那麼挑剔。因此，孟子只是建議在必須殺生的時候，人們應該遠離現場，並且不介入。這不是一種很理想的方式，在現代甚至不太適用，但仍反映了孟子對動物生命的珍愛以及對其痛苦和死亡的抗拒。

一言蔽之，「尊重」就是使動物群體得到延續，使動物個體得保天性，而「愛護」就是節殺和不令動物受苦。在尊重動物和愛護動物之間，我認為尊重的排位應該比愛護先。只有在真心尊重對方的情況下，我們才能了解到對方的真實需要，而不是把自己的所思所想強加於對方身上。對人如是，對動物亦然。先有了尊重動物的心，不以私欲為出發點去想像動物，才可看到動物的天性和本貌，了解牠們的真實喜惡和需要。由此，我們才能夠誠實地省察人類對動物造成的影響，並給予牠們適當的愛護。

有些人自以為愛動物，卻未有尊重牠們，這種愛物往往會變成害物。擅自餵飼或接觸野生動物，甚至把野生動物當作家居寵物飼養，均是盲目愛物而未有尊重其天性的不當行為。有些時候，尊重可能等於要放手，保持一段距離去愛對方。因此，尊重通常也比愛護更難。對動物如是，對親人又何嘗不是呢？

以上的一切論述，是以動物是有感知的資源作為前提。然而，的確不是所有的動物都是同等地有感知。譬如說，有些動物例如貝類和海綿沒有中樞神經系統。在感知能力方面，牠們可能比較類似植物，而不類似人類和其他較複雜的動物。除了小部分的灰色地帶以外，我們最常取用的動物（如農場動物）明顯地是會有一定程度的感知能力。我之所以提出動物是「有感知的資源」，這個名稱的意義在於提醒人類在使用其他動物之前，應該顧慮到該動物的感知能力——無論是高或低。而「有感知」是先於「資源」的，動物的情感和知覺，比牠們作為自然資源的角色更重要。我們若沒法保證做到「尊重」和「愛護」動物，便不應該使用牠們作為資源。

無可否認，現代人有足夠的能力和科技去凌駕動物。有人會覺得，如果有這樣的能力，我們便有這樣的權力，就是所謂的「might makes right（能力即權力）」。為何要思考動物倫理來束縛自己雙手呢？

有些人覺得動物待遇與自己無關，不一定是因為他們認為動物沒有感知能力，而是因為他們認為動物的苦樂（即使有的話）沒什麼大不了。因為人類是高級、優越的，而動物則相對低級、卑微。所以，動物為人類所作的犧牲，不值一提，能貢獻人類甚至是牠們的榮幸。而高貴的人類更不需要為動物捨棄任何一點的人類利益和方便。

不過，在此大家可以稍為思考一下人類的這種「優越性」的根據。在西方傳統思想流派中，人類的優越性通常來自於人和動物在智力上的區別，而這「智力」當然是由人定義的。先不說這場人類同時是參與者和評判的比賽是否有失公平，即使沿用這方式，近代動物學也漸漸發現，動物的學習和行為機制的複雜性並不亞於人類，不能單純主觀地說牠們智力不如人。再者，人類運用自己智力的方式顯然不怎麼明智，否則我們理應可以擁有更和平的地球、更潔淨的空氣和水，和更豐裕的天然資源存量。在東方傳統思想流派中，人類的優越性則一般來自人和動物在道德能力上的區別，區別就是人有此能力，而動物沒有。關於這一點，相信科學和哲學都不會推翻的。不過，作為一個物種，我們雖具有道德能力，卻似乎沒有真的以道德行事。反而，那些沒有道德觀念的禽獸，至少不會去製造可以塗炭生靈的核武器和生化武器，不會破壞作為成千上萬其他物種的家園的廣闊森林，不會以逼迫其他動物賽跑或打鬥作為娛樂，不會剝其他動物的皮來裝飾自己，不會圈禁其他動物一生來「觀賞」，也不會讓自己的獵物在死前先遭受一輩子的身心折磨。以上種種，佔據道德高地的人類都做過，正在做，而且遠不止這些。

或許正如道德教育家和作家萊斯．布朗（Les Brown）在《動物虐待——我們的道德帳》一書中所言：「在我們傲慢地與動物相比時，人類需要多點謙卑。」[21] 至少，我們可以看到人類在智力和道德上的優越性並非那麼理所當然。萊斯更寫道：「將人奉為地球上所有生命中的道德大師（moral master）實在矛盾，因為他對待動物和其他人類的方式，顯然證明他不配有這地位。」22 其實，擁有道德觀念，是否代表人類可以輕視甚至無視其他「低等」生命的痛苦？抑或是，這項能力反而要求人類需要關心牠們的狀況？

中國是全球主要的肉品供應國之一，光是在國內每年便有大概近七億頭豬來到世上供人食用，而雞則有超過十四億隻。23 至於全球為人類付出了生命的各種動物，牠們的數量更加是天文數字。如果我們要從動物身上取利，是不是應該飲水思源、知恩圖報？按動物的天性和需要，在生時給予牠們合適的照料和保護，取其命時以人道方式宰殺，也是合情合理的要求。負責任地使用動物資源的成本，可能比肆意使用的相對比較高，步驟比較多，但這是我們需要付的道德代價，否則付上的便是作為人的良知。如果我們自認為是萬物之靈，能夠凌駕一切動物，那更應該擺出萬物之靈的氣度，得饒物處且饒物。

Oinking Acres 動物庇護所裡的公雞 Max 和山羊 Honey 證明了跨物種友誼的存在，即使大家的體形和腿的數目不一樣也沒關係。牠們經常依偎一起曬太陽。

大肚豬（pot-bellied pigs）Ariel 和 Petunia 從疏忽照顧個案中幸運獲救，現生活於美國印第安納的 Oinking Acres 動物庇護所。大肚豬是比較常見的寵物豬，雖然體形略較家豬小，但成年後也可長至一百磅以上，而且食量和空間需要龐大。有些家庭未考慮清楚便飼養，導致不少大肚豬後來遭遺棄。

相片由美國印第安納豬隻救援和農場動物庇護所 Oinking Acres 提供。

1《創世紀》第九章第一至十三節（思高本）

2 Heinz Haenel, "Phylogenesis and Nutrition" , *Nahrung*, Vol.33 No.9 (1989), pp. 867-887; Loren Cordain, S. Boyd Eaton, and Anthony Sebastian et al., "Origins and Evolution of the Western Diet: Health Implications for the 21st Century" , *American Journal of Clinical Nutrition*, Vol.81 No.2 (Feb, 2005), pp. 341-54.

3 Marta Zaraska, *Meathooked: The History and Science of Our 2.5-Million-Year Obsession with Meat* (New York: Basic Books), p. 18.

4《禮記・祭義》

5 Charles Darwin, "The Descent of Man" , In *Great Books of the Western World*, Vol.49 (Chicago: Encyclopedia Britannica, 1952).

6 Peter Singer, *Animal Liberation: The Definitive Classic of the Animal Movement Updated Edition* (New York: HarperCollins Publishers, 2009), chapter 5.

7 Jean-Jacques Rousseau (trans. M. Cranston), *A Discourse on Inequality* (London: Penguin Books, 1984), p. 14.（引文為作者譯）

8（英）邊沁著，時殷弘譯：《道德與立法原理導論》（北京：商務印書館，二〇〇〇年），頁三四九。

9 同註6，頁五。（引文為作者譯）

10 Thomas G. Kelch, "The Role of the Rational and the Emotive in a Theory of Animal Rights" , In Josephine Donovan and Carol J. Adams (eds.), *The Feminist Care Tradition in Animal Ethics* (New York: Columbia University Press, 2007), pp. 259-300.

11 王雅：〈儒家生態文明的理念與實踐〉，載張立文編：《天人之辯——儒學與生態文明》（北京：人民出版社，二〇一三年），頁一六五至一六八。

12《逸周書・文傳解》

13《說苑・指武》

14《論語・述而》

15《莊子・秋水》

16《莊子・馬蹄》

17《莊子・養生主》

18《二程遺書》卷十一。

19《二程遺書》卷十一。

20《王陽明全集・悟真錄之七・續編一》

21 Les Brown, *Cruelty to Animals: The Moral Debt* (London: Macmillan, 1988), p. 186.

22 同上，頁一八七。

23 中國牧畜業訊息網：〈行業概況〉。取自：http://www.caaa.cn/overlook/，二〇一九年一月十九日擷取。

Chapter 5

植物同樣是生命，吃肉或吃素有什麼區別？

如果有一個非素食者問素食者的問題排行榜，這個問題肯定排行第一。由於人的生命本身便要依靠消耗其他生物來維持，所以吃動物還是吃植物，有區別嗎？植物不也同樣有生命？為了保護動物而支持素食的人，也要吃植物，這不也是殺生嗎？鑑於人們普遍對這些問題的關心程度，在長篇大論的解釋之前，我先給心急如焚的讀者們一個直截了當的答案。吃動物和吃植物之間，可以說主要有以下四大區別：

1. **文化和心理上的意義區別**
2. **生物學上的感知能力區別**
3. **需要犧牲的植物數量區別**
4. **對土地和水資源的需求區別**

首先，我們可以從文化和宗教上的意義角度入手。在各地文化上，宰吃動物和採吃植物的含義都有著天淵之別。吃動物一事常與道德掛鈎，吃植物卻甚少。古人常有描述禽獸如何牽動人的惻隱之情，卻沒有如此形容蔬果和穀物。儒家的孟子說過「君子遠庖廚」和

「聞其聲，不忍食其肉」，但我們從未聽過「君子遠農田」和「聞其香，不忍食其果」。

少數民族間亦保留了許多超渡被宰動物的儀式和咒語，內容多是對被宰動物表達歉意和謝意，並且祈求牠們的血不會成為自己和族人的罪孽。[1] 在傳統思想中，齋戒亦往往被視為能夠贖罪和祈福的行為。而根據西方文化的一大重要典籍《聖經》，當人類祖先仍然生活在伊甸樂園的時候，神只允許亞當和夏娃吃蔬果，動物並不在伊甸園的餐單上。在一場由人類罪惡帶來的大洪水過後，也就是挪亞方舟的故事之後，神才允許人吃肉。古人的科學知識雖然不比今人，可他們的感性洞察力與今人同樣甚至更強，明瞭鳥獸與草木在價值層面上的區別，不能單純地一視同仁。

即使在比較理性和科學化的現代，大部分人包括吃肉者，都不忍心看著一隻活豬或活牛變成豬柳和牛排的整個過程。不過，我卻從未遇見過一個人說他不敢觀看採摘蔬果的過程，或者覺得切割水果很噁心。另外，現代不少父母喜歡帶小孩子去農田看農夫耕作，甚至讓他們自己親手種植和收割，親親大自然。可是，雖然同樣是「大自然」，我卻從未聽說過父母帶小孩去屠宰場參觀肉品的來源。在鄉村地方，可能有些家庭還是會從小訓練小孩子殺雞或殺魚，但這種做法已經越來越少，一般還是會讓小孩子迴避，其中一個原因可能也是因為小孩子往往會同情動物而求大人別殺。

至於在生物學的事實上，人類本身便是動物界的一員：動物界、脊索動物門、哺乳動物綱、靈長目、人科、人屬、智人種。與人類是近親的動物物種，均擁有與人類相類似的大腦和神經系統。植物卻屬於植物界，沒有可與人類或任何動物比擬的神經系統。所以，很多動物會像人一樣有感知能力，像人一樣會有痛楚，而植物卻不會。植物可能有所謂「植物版本」的痛楚，不過卻不可能擁有與人類或其他動物類近的痛苦和情感。當然，植物也有方法檢測外界環境，對外界刺激有所反應，並且具有應對外界傷害的機制，但是這些應對機制的功能和性質，與動物的機制截然不同。其中一個明顯區別就是，沒有一種植物演化出發達的逃跑機制，以快速逃離致痛根源。從演化角度來看，若是外界損傷為植物帶來不愉快的感覺，會損害到植物的生活素質和「心理健康」，那麼大自然理應會使植物演化出一些特徵，使它們能主動避開和學習遠離痛苦的來源——就如動物一樣。但事實上，植物卻沒有演化出這樣的應對策略，它們的應對策略主要都只是針對修復和避免生理和物理上的損傷。

有些人聽見「動物福利」，就問為何不也談談「植物福利」。可是，在技術上我們可以無痛屠宰動物，卻不可能「無痛屠宰」植物。由於植物不具有類似動物的神經系統，因此即使植物擁有「植物版本」的痛苦意識，我們對於這種「痛苦」也一無所知，亦無從了解，遑論要防止或減少它。減少砍伐樹木和珍惜植物資源，是我們能為植物福利作出的最大貢獻，而不是虛無地談論植物的痛楚。

過往的經驗告訴我，即使從理性上解釋了動物和植物如何不一樣，有些人就是要做忠實的「不可知論者」。對於上述各論點，那些「不可知論者」只會不斷重複説「我們無法肯定」。面對這種理性討論失效的情況，可以引用大家都明白和接受的「親疏有別」論點。動物與人類比植物與人類的關係更親密，不但在生物學上我們是近親，而且在文化上動物更常常是先民的圖騰和崇拜對象，亦是眾多神話中的重要角色。而在社會關係上，人和動物間的溝通更豐富，所以關係亦更深厚。飼養動物的家庭一般都把伴侶動物視為家庭成員之一，這是對盆栽和庭園植物的愛所不能比擬的。就算無視動植物的感知能力差異，光是基於親疏有別原則，我們亦有理由先顧存與我們關係更密切的動物。

其實，依我個人觀察，平時關心植物的人少之又少。但每當有人走出來表示關心動物，立刻便會激發起一些人去關心植物，好像這才「公平」。當然，這種突然出現的植物「關注者」，只是想轉移視線，他們往日對於森林被砍伐，雨林被摧毀，根本也漠不關心。在別人關心動物的時候，這些人才會去為植物「抱不平」，這實在對動物和植物都不尊重，只是在懶惰地直接用一個議題去反駁另一個議題。

不過，撇開上述那種人，有些人實在會擔憂一些比較現實的問題。例如，要是大家都轉為吃素，世上的植物豈不是很快被人類吃清光？事實上，吃肉者卻比素食者殺死更多植物。為什麼素食的飲食模式反而會消耗更少植物？因為我們所食用的肉品並非從工廠裡憑空生產出來的，而是從一隻隻的動物身上而來。這些動物和人類一樣，也需要食物才能生存和長肉。按生物學定義，動物這種生物要不就是靠吃植物而存活，要不就是靠吃其他動物而存活——但這些「其他動物」最終也是靠吃植物而存活的。請看以下超簡化的生態鏈：人／肉食動物／雜食動物 ↓ 吃草食動物 ↓ 吃植物

我們吃動物的時候，好像沒有「傷害」一草一木，不幸地，這只是一個美麗的幻象。無論我們吃什麼，最終也是從植物而來。為了飼養食用的牲畜，過程中需要消耗大量植物作為飼料。譬如說，要吃到一公斤的牛肉，便要間接消耗十公斤以上的植物飼料。[2] 不僅如此，為了取得農地興建牧場以飼養食用動物，以及種植動物飼料，大量森林被砍伐。全球大約有超過百分之四十五的土地用於動物農業用途，包括種植動物飼料。[3] 而在世界曾經的「動植物天堂」——拉丁美洲的亞馬遜地區裡，約有七成的森林地區已經被牧畜業開發使用。[4]

素食會導致植物絕種嗎？這想法實在是一場誤會。正如上述，素食的飲食模式消耗更少植

物和可供野生植物生長的土地。所以，真心關注植物福利的人最應該吃素。相反，現代肉食模式才是加速野生動植物絕種的推手。如果更多人都轉為吃素或者減少肉食，世上的植物不但不會被人類吃光，植物和草原消失的速度更會減慢下來——而且亦會有更多的人能得到溫飽。

無可否認，如果動物畜牧業突然完全消失，這的確會為土地利用帶來巨變，短期之內甚至可能會影響某些地區的生物多樣性。但先不說全球人民都突然決定吃素這種事情不太可能發生，即使如此，土地也會隨著時間復元，找到平衡點，而這個新的平衡點會比起過往土地用於畜牧業時，擁有更豐富的生物多樣性。[5] 以長期和綜觀來說，現代的大型畜牧業對野生動植物種群的生存還是弊遠遠多於利。

除了耗費土地，水資源亦是肉食的隱藏成本。再以牛肉為例，生產一磅牛肉便需要消耗近二千五百加侖的水——大部分用作種植供動物食用的飼料。[6] 美國的公共利益科學中心（Center for Science in the Public Interest）有研究指，美國為了種植飼養牲畜的飼料作物，已經消耗了國內一半以上（百分之五十六）的淡水資源。[7] 除了陸上牲畜，食用的海鮮和魚類同樣在人工飼養和後期處理的過程中消耗了大量水。[8] 在貧困地區，每天都有兒童因缺乏乾淨食水而生病甚至早夭。可是在發達地區裡，每天大量的食水卻被耗費於餵養牲畜和生產肉品。

的確，不是所有用作動物飼料的植物都可以直接轉為人類糧食，其中許多是人類無法消化的植物。因此，有些畜牧業人士反駁，吃肉其實是讓動物替人類轉化了這些本來不能消化的蛋白質，變成人類可用的蛋白質。不過，此說故意忽略了另一事實，就是用於種植動物飼料的土地、水和勞動力，在大部分情況下都可以改變用途，轉化成用來種植能為人類直接提供營養的農作物。如果在目前用作種植動物飼料的農田上，轉而種植直接供人類食用的蔬果和穀物，那麼我們的地球其實可以多養活三十五億人有餘。[9] 現代人的肉食習慣，恐怕已經不只是動物倫理的議題，更涉及到食物公義的問題。

在大部分時期和大部分地方，素食並未成為人類社會的主流。人類吃蔬果也吃肉類，這似是自然不過的事，也是傳統。有人或會疑問，那麼素食主義不是「反人類」嗎？然而，即使人類吃肉是順應自然，事實卻是現代化農業方式已經變成了拂逆自然。簡單舉數例：

↙為了增加成本效益，現代工廠農場多以加工飼料和營養添加劑餵飼動物，並給牠們注射各種合成的生長激素。[10] 而這些動物一生吃喝拉撒睡的環境極度密集和封閉，大多更從未見過太陽和草地，難以稱得上自然。

↙為了增加動物的肌肉含量，幾乎各種禽畜都經過人類以經濟利益為指標的選擇性育種。當中很多物種因過度選擇性育種，更失去了自行交配繁殖的天賦能力。以火雞為例，多年的選擇性育種使牠們的胸部變得異常巨大，母火雞只能以人工受精的方法來受孕。[11] 一個物種被弄得不能自行繁衍下一代，這可算自然？

↙大約一百年前，雞成長至二點五磅需時十六週；今天，在商業育種下的雞在七週之內，便可成長至五點五磅。快速的成長率令雞變得虛弱，常患有先天骨骼畸形、筋腱撕裂和各種代謝疾病，並且易受傳染病感染。[12] 每餐餵牠們吃點抗生素成為了工廠農場避免疫情爆發的常用方式。

↙懷孕母豬有以稻草造巢的天性，為了給予快將誕生的小豬一個舒適的窩。在工廠農場的環境裡，母豬被人工受孕後，要在跟自己身體一樣長和寬的鐵欄裡和水泥地上待產，造巢的母性無法得以發揮。[13]

↙雌性奶牛一旦發育成熟後，便終生被重複以金屬機械管人工受孕，以令牠們不斷懷孕生產，因而不斷產奶。母牛的奶不會到初生小牛的口中，而是被送到超市裡。初生小牛若屬雄性，便會被立刻「除掉」，或者用一種扭曲的方式飼養以生產「鮮嫩」的小牛肉（veal）。[14]

↙年幼動物——尤其哺乳類和鳥類——出生後有一段時間需要母親的親近照顧和餵哺。在現代工廠農場中，各種禽畜的幼犢往往被過早斷奶，被迫母子分離。[15]

以上便是所謂自然的肉食習慣所造成的傷害，所舉的只是冰山一角。我相信大部分讀者從來沒有親手加害過動物。不過，我們既同為現代農業的受益者（或曾經的受益者），對於以上種種反自然的罪行，我們不能說事不關己。好消息是，我們既是局內人，便也有能力帶來改變。

此刻，大家心中可能有一些「但是……」和「不過……」，想要維護吃肉的習慣。有心理學家曾經分析過堅持吃肉的理據，並提出了關於吃肉的四個N：肉食是自然（Natural）、正常（Normal）、必要（Necessary）和美好（Nice）的。[16] 這四個N描述了一般人對於肉食的固有信念：「自然」，因為人類是雜食性的動物；「正常」，因為吃肉者佔大多數；「必要」，因為素食不可能讓人取得足夠營養；「美好」，因為動物很美味。大部分人從小便被社會和家庭環境如此薰陶，這成為了我們看世界的唯一方式。社會心理學家稱這種意識形態為「肉食主義（carnism）」。[17] 然而，這四個N只是一般人的看法，卻並非有根據的事實或者永恆真理。

↙「**自然**」——沒錯，人是雜食性動物。在食物短缺的情況下，雜食的特性為雜食性動物帶來生存優勢。然而，雜食性動物並不需要都吃植物和動物，方能健康存活。人從動物和植物中都能取得所需營養，卻不一定要吃動物，活生生而且健康強壯的純素者便是證明。而人類雖然長有犬齒，亦不能代表我們自然是肉食獸。先不說人類犬齒根本並不尖銳，就算其他動物例如獐（又名水鹿）長有明顯獠牙，人類親戚大猩猩長有比我們更尖銳的犬齒，但兩者也都是草食動物。牙齒構造跟一種動物的膳食不一定有關，反而可能有其他作用，例如自衛、保衛地盤和爭奪雌性。18

↙「**正常**」——吃肉者佔大多數這一點，大家無可否認。只不過為了吃肉這件「正常事」，人首先要做一些異常的事——時刻要對動物屠宰採取不看、不聽、不問、不想這個「四不」策略。商人要費盡心思，使市場裡的肉品以及餐桌上的肉排不會令人聯想起肉的來源——活生生的動物。19 如果在咀嚼肉塊時想著在草地上跑來跑去的小豬，那麼我們永遠也不會享受烤豬腿。這不禁讓人疑問，可能人類在心理上根本就是素食主義者？

↙「**必要**」——吃肉者最喜歡關心素食者有沒有攝取足夠的蛋白質、維生素 B12 和鐵質。不少素食者最初改變習慣時，都曾經被身邊人善意恐嚇過，所以素食者對於如何保持營養均衡，通常比吃肉者更有考究。事實是，即使是不吃蛋奶的純素飲食，也能為人體提供所需的一切營養。[20] 正如上述，人類作為雜食性動物，可從植物或者動物身上攝取營養，關鍵在於均衡，並不存在「只能從動物身上攝取」的營養。有肉、蛋、奶的餐單也並非營養均衡的保證。相比現代生產的大部分動物製品，各種豆品、菇類、果仁、西蘭花、藜麥等等都可以提供更純淨和容易吸收的營養，而維生素 B12 也可以從發酵大豆製品（例如豆醬、豆豉、豆乾、腐乳、臭豆腐、醬油）中獲得。就如市面上的牛奶一般也會添加鈣，現時超市中常見的各種植物奶，一般亦有加入多種維生素包括 B12。

↙**「美好」**——肉排好不好吃實在是見仁見智，沒有爭論的需要。不過，我個人覺得動物自在活著的時候，比起被煮成肉排後美好得多。再者，一件事對某個人或者某群人來說「美好」，不代表便是正確。舉個極端例子，有些男性可能在侵犯女性的時候，自己感覺非常美好，甚至覺得上天是為他們創造了女人，然而這卻不代表他們做的事情便是正確。

除了為保護動物，全球越來越多人為環保和健康原因，開始吃素或者減少吃肉。二〇一九年的一項全球調查發現，超過四分之一開始純素飲食的受訪者是出於健康和環境等非道德原因而作出此決定。[21] 現代肉食模式使吃肉不再安全，吃肉的時候極可能同時吃進致癌物質（例如砷）和抗生素等。[22] 而且，過量肉食已經使環境惡化，加速氣候變化，破壞了生物多樣性，並且更剝奪了貧困地區人民得到溫飽的權利。[23] 這一切的荒唐，當中一大部分的原因就是因為在世界另一端的我們消耗太多肉類和動物製品。

即使不吃純素，減少吃肉也是一個對自己、對他人、對環境負責任的人應該做的事情。筆者是一個「彈性素食者」（flexitarian），在情況或場合不允許或不方便時，我也會吃肉，但平時我盡量不吃。我決定大幅減少肉食的原因，第一是因為愛動物，第二是為了健康和環境。即使不是特別關心動物，只要大家是以下其中一類人，便同樣有減少吃肉的理由：

↙ **愛貓人士和愛狗人士**（因為你所吃的豬牛羊們與你的愛貓或愛犬一樣會痛）

↙ **關心植物的人**（因為生產肉類消耗更多的植物）

↙ **關心環境的人**（因為現代化工廠農場為地區造成嚴重的空氣及河道污染）

↙ **希望幫助減慢全球暖化的人**（因為畜牧業排放大量溫室氣體，並導致森林被毀）

↙ **希望世上更多人能夠得到溫飽的人**（因為生產肉類佔用了更多農地、農作物和飲用水，加劇糧食分佈不均）

↙**關心一己健康的人**（因為多菜少肉或純素的飲食能減低患上多種心血管疾病的風險，並避免了攝取肉品中經常含有的抗生素、獸醫藥物和污染物等）

---

1 莽萍：《物我相融的世界：中國人的信仰、生活與動物觀》（北京：中國政法大學出版社，二〇〇九年），頁一七八至一七九。

2 Beef Research, "How Much Water Is Used To Make A Pound Of Beef?" (Feb, 2019). From http://www.beefresearch.ca/blog/cattle-feed-water-use/, retrieved 10-4-2020.

3 Pete Smith, Mercedes Bustamante, Hehal Ahammad et al., "Agriculture, Forestry and Other Land Use (AFOLU)" , In O. Edenhofer, R. Pichs-Madruga, and Y. Sokona et al. (eds.), *Climate Change 2014: Mitigation of Climate Change. Contribution of Working Group III to the Fifth Assessment Report of the Intergovernmental Panel on Climate Change*. (Cambridge and New York: Cambridge University Press, 2014), pp. 811-922.

4 Henning Steinfeld, Pierre Gerber, and Tom Wassenaar et al., *Livestock's Long Shadow: Environmental Issues and Options* (Rome: Food and Agriculture Organization, 2006), p. 21.

5 Mark Gold, "Beyond The Killing Fields: Working Towards a Vegetarian Future" , In Geoff Tansey and Joyce D'silva (eds.), *The Meat Business - Devouring a Hungry Planet* (London:

Earthscan Publications, 1999), pp. 16-31.

6 Kerry Walters, *Vegetarianism: a Guide for the Perplexed* (New York: Continuum, 2012), p. 121。

7 Michael F. Jacobson, *Six Arguments For a Greener Diet: How a More Plant-based Diet Could Save Your Health and the Environment* (Washington, DC: Center for Science in the Public Interest, 2006), ch. 4.

8 Markus Pahlow, "The Water Footprint of Aquafeed Production" (Jan, 2016), *Research Information System, The University of Twente*. From https://ris.utwente.nl/ws/portalfiles/portal/6945667/30+Nov+2015+2729.pdf, retrieved 13-3-2020.

9 Christian Nellemann, Monika MacDevette, and Ton Manders (eds), *The Environmental Food Crisis – The Environment's Role in Averting Future Food Crises. A UNEP Rapid Response Assessment*, United Nations Environment Programme (Norway: GRID-Arendal, 2009), p. 27.

10 Adam Shriver, "Knocking Out Pain in Livestock: Can Technology Succeed Where Morality Has Stalled?" , *Neuroethics*, Vol.2 No.3 (Aug, 2009), pp. 115-124.

11 Peter Singer and Jim Mason, *The Way We Eat: Why Our Food Choices Matter* (New York: Rodale, 2006).

12 Derek Ryan, *Animal Theory: A Critical Introduction* (Edinburgh University Press, 2015), ch. 4.

13 Michael C. Morris, "Sow Stalls and Farrowing Crates – Ethically, Scientifically and Economically Indefensible" , *Organic New Zealand*, Vol.62 No.1 (Jan/Feb, 2003), pp. 38-39.

14 同註6，頁二十四至二十五。

15 Miyun Park and Peter Singer, "The Globalization of Animal Welfare" , *Foreign Affairs*, Vol.91 No.2 (2012), pp. 122-133.

16 Jared Piazza, Matthew B. Ruby, Steve Loughnan et al., "Rationalizing Meat Consumption. The 4Ns" , *Appetite*, Vol.91 (Apr, 2015), pp. 114-128.

17 Melanie Joy, *Why We Love Dogs, Eat Pigs, and Wear Cows: An Introduction to Carnism* (Massachusetts: Conari Press, 2011), p. 9.

18 Marta Zaraska, *Meathooked: The History and Science of Our 2.5-Million-Year Obsession with Meat* (New York: Basic Books), p. 20.

19 Qirui Tian, Denis Hilton, and Maja Becker, "Confronting

the Meat Paradox in Different Cultural Contexts: Reactions among Chinese and French Participants" , *Appetite*, Vol.96 (Jan, 2016), pp. 187-194.

20 此書重點在於討論人類動物關係中的道德議題，並不旨在討論素食營養學，因此筆者無意（亦沒有資格）在此提供詳盡的素食指南。不過，任何一位對素食有認識的醫生或營養師，都能解答關於均衡素食的疑問並給予建議。網上亦有海量的相關資源，由各方熱心人士和學者以各種語言分享出來，中文讀者可搜尋中國動物保護網（CAPN）和素食文化傳播網等。

21 Benjamin McCormick, "Why People Go Vegan: 2019 Global Survey Results" (Mar, 2019), *VomadLife*. From https://vomadlife.com/b ogs/news/why-people-go-vegan-2019-global-survey-results, retrieved 4-12-2019.

22 Angie Clonan, Paul Wilson, Judy A. Swift et al., "Red and Processed Meat Consumption and Purchasing Behaviours and Attitudes: Imoacts for Human Health, Animal Welfare and Environmentcl Sustainability" , *Public Health Nutrition*, Vol.18 No.13 (Sept, 2015), pp. 2446-2456; Polly Walker, Pamela Rhubart-Berg, Shawn McKenzie et al., "Public Health Implications of Meat Production and Consumption" , *Public Health Nutrition*, Vol.8 No.4 (Jun 2005), pp. 348-356.

23 同註4，頁八十一至八十二。

Chapter 6

現代的肉、蛋、奶生產模式有何不妥？

誰都知道吃肉必然會傷害到一些動物，譬如說，當然屠宰的過程會有一點痛苦，終生被監禁在密集的農場環境裡可能不太自在，但是動物也得到了溫飽和安全，生病受傷時還有獸醫為牠們治療，算是公平交易吧？聽起來，就算是現代的農業模式，看似也沒有什麼嚴重罪過。可惜，事實與想像往往有點距離，尤其是與我們這些「局外人」（即大部分的肉品消費者）的想像。

為了提高產量以滿足現代人的「肉」慾，提供豐富肉品和蛋奶給日益富裕的人口，在多數的發展中和已發展地區，主要農業模式已由傳統家庭式農場，轉為密集式、工廠化管理的養殖和屠宰場。兒童圖書裡人和動物和諧共處的農場景象，已成鳳毛麟角。至於真實的現代農場景象，恐怕沒有人會想把它畫到圖書中。

工廠農場的模式和運作比較一式一樣，但當然也有個別差異。由於我們不可能在這章內覆蓋每個地方每個農場的情況，接下來所描述的是大多數典型工廠農場的狀況。有些農場可能會比這裡描述的更好，有些則可能更差劣。工廠農場之所以得此名，是因為它的營運理念類似一個生產貨品的工場，每部分分工明確，一切的設計和做法都是為求把成本減至最低，產量提至最高。動物在工廠農場裡，主要角色是將低價的飼料轉化成可以高價賣出的肉品，是名副其實的生財機器。

首先，在工廠農場裡，空間絕對是一大昂貴的成本。可想而之，工廠農場是一個很擁擠的地方，在裡面，雞難以拍翼，豬難以轉身。譬如説，雞一般被養在層架式的鐵籠中，每隻雞只有少於二十乘二十厘米可站立的地方。[1] 而豬雖然不生活在層架籠中，每隻豬亦只有小於零點七平方米的位置。大家可以想像生活在一個房子裡，每天走路或轉身都得碰到別人的肩膀，想必大家很快會變得焦躁不安。動物也是如此，牠們在擁擠的封閉環境中，會變得暴躁而具攻擊傾向。這除了因為擠迫帶來的不適，也由於空間不足以致動物無法展現自然的社交行為，以確立群體中各動物的社會等級。這使群體結構混亂和造成異常頻繁的打鬥，最終可能導致較弱的一方重傷，甚至死亡。至於人們吃的魚類，約五成來源於人工養殖，牠們一般也被養在「魚口」密度極高的魚塘。養過魚的人都知道，當魚數量過多時，魚缸也會變得不太平。魚相互叮咬，疾病和寄生蟲便很容易入侵受傷的魚體。有時候，在養魚場爆發的疾病甚至可能感染附近水域的野生魚類。[2] 由於過度擁擠和惡劣的生存環境增加了受感染和受傷的機會，因此工廠農場養殖戶經常需要在動物飼料中添加抗生素，以防止疾病爆發。

除了使用抗生素來「防患未然」，人類還有其他創意辦法（但就是不會給動物足夠的空間）。在密集式雞場中，養殖員一般會在雞隻剛出生不久，使用灼熱刀片燒掉喙的尖端，讓牠們不能相互啄咬。禽鳥的喙是探索外界的主要感覺器官，它充滿了感覺細胞和神經線，因此燒灼的過程會為幼鳥造成大量痛楚。3 而由於豬一般是以咬其他豬的尾巴來發洩，很多養殖場為省卻煩惱，會直接在小豬幼時剪掉牠的尾巴。4 至於像牛和羊這些有角家畜，人們通常會將牠們閹割以減低其侵略性，並斬去尖角，這樣便可以將動物放在過度擁擠的環境中，而不用怕牠們打架會造成嚴重創傷。為了節省時間和成本，這些痛苦的程序往往是在年幼動物完全清醒而沒有麻醉時進行。5 不一定要擁有鐵石心腸，才能在一隻小雞、小豬或小牛身上做這些事情。工廠式農場裡有上十萬隻小雞和上千隻小豬小牛。牠們已經不再被視為生命個體，而只是工廠中能生財的其中一種原材料。

在工廠式養殖場，不僅是動物的密度高，還有動物排泄物。動物站立和睡覺的地面滿佈排泄物滋生出的細菌和有毒的尿酸，經常使牠們的蹄或爪子、臀部和胸部受到化學灼傷。在擁擠的環境裡，空氣中積累的氨（又常稱阿摩尼亞）會導致禽鳥患上結膜炎，一種疼痛並且導致許多家禽失明的惡性疾病。高濃度的氨亦會使家畜呼吸困難。僅僅是在美國，便有調查顯示屠宰時有近七成的豬患有肺炎。6 而中國四川曾在二〇〇五年爆發豬鏈球菌病，學者發現疫情均發生在衛生條件欠佳和通風不良的養殖場內，說明了豬的生活狀況與豬鏈球菌病的發病有直接關係。7 而為了方便將糞便等大量排泄物沖洗到收集坑中，豬棚、牛棚和羊棚通常以混凝土板條為地板。堅硬和潮濕的混凝土卻容易導致有蹄動物的蹄子受傷和受感染發炎，因而需要使用獸醫藥物去治療或避免感染發生。8

之所以給予動物這麼狹小擁擠的生活空間，不僅是出於降低空間成本的考慮，同時也是為減少動物的運動量，促進體重累積的策略。為了獲得最大利潤，比這更極端的做法便是選擇性育種，以及生長激素的應用。我們現今食用的絕大部分家畜和家禽品種都經過好幾代的「精心調配」，這些動物擁有生長率較高的基因、新陳代謝快、高食慾和長期處於飢餓狀態。如果不加以監控，牠們可能會吃到把自己撐死為止。因此，牠們的消化系統常常超出負荷，亦因為身體過重而容易腿部骨折。[9] 人工育種使肉食用的雞隻成為了世上生長速度最快的動物，能在短短的六個星期裡，體重增加七十倍。今天食用的雞隻胸部，已經比牠們幾代前的曾祖父母大好幾倍。但牠們應該不會感謝人類，因為這些被人為增大的禽鳥的腿部和翅膀關節，經常會受關節炎困擾。[10] 而有些農場則會給牛餵飼大量能迅速增加體重的玉米，這也會使牠們的肉中夾雜脂肪，吃起來更肥美。可是，玉米並非牛的天然飲食的一部分，對牛來說很難消化，並會引起長期腹瀉。研究發現，曾被長期投餵玉米的牛消化系統會嚴重受損，當中約有半數在屠宰時，內臟均被一層米白色的膿腫所包圍。[11]

我曾經以為吃雞蛋和喝牛奶，不會對動物造成什麼傷害——事實卻是殘酷的。今天我們吃的雞蛋，有九成以上也來自籠養的母雞。[12] 產蛋母雞的生活條件可能比肉雞所遭受的更為惡劣。為提高雞蛋產量，蛋農會用人工照明長時間照射雞籠，模仿日光以鼓勵母雞不斷產蛋。大約一年後，母雞一般都會開始筋疲力竭，蛋農便會餓著母雞好幾個星期。這方法可以誘使母雞的身體進入新的產卵週期。13 母雞就是這樣至死被不斷「重置」，彷彿牠們是一台台的機器。可笑的是，本來在自然環境下，母雞會坐在雞蛋上孵蛋，每隔一段時間會把蛋翻轉，現在這個母親角色卻被孵化用的機器所取代了。

母雞的正常壽命應為七至八年，而工廠農場裡的產蛋母雞則只能活兩年左右。母雞在人工加速產蛋週期的籠養生活中性命如此短暫，除了由於惡劣的衛生和活動環境外，母雞自身的鈣質亦以不自然的速度大量被消耗於產生蛋殼的過程中。通常，這些母雞的骨骼密度甚至不足以支撐自己的體重。14 更不幸的是，當今許多產蛋母雞均是經過選擇性育種，以生產大尺寸的蛋。這些大號雞蛋吸收母雞更多的鈣和營養，甚至會令母雞在產蛋時輸卵管和肛門裂傷。此外，成千上萬隻家禽共處於封閉空間，牠們的排泄物和產生的高熱正正成為沙門氏菌等傳染病的溫床。沙門氏菌可以通過雞蛋大量傳播，給雞蛋消費者帶來嚴重的健康風險。15

如同被剝削的產蛋母雞，奶牛亦成為了龐大的牛奶行業的奴隸。今天各品種的奶牛都經過了選擇性育種，生產的牛奶量是五十年前的三倍或以上，乳房也變得更巨大腫脹。為了進一步增加產奶量，現代奶農通常定期給奶牛注射專用的牛生長激素（BST），它是一種可以加速產奶的人造激素。經過選擇性育種的奶牛本來便更易患上乳腺炎，受感染的乳房會痛楚非常，而這種激素更會增加奶牛患上乳腺炎的風險，而且亦會增加患上蹄病的機會。16 這不但影響母牛的生活素質，也降低牛奶產量和質量。歐洲和加拿大已禁止這種人造激素的使用，但是這在美國和不少國家仍然是合法的。調查發現，美國國內多達五分之一的奶牛均患有乳腺炎。17

由於母牛產後不久，奶量便自然下降，因此，奶農會定期對母牛進行人工授精。母牛和人類一樣，懷胎九月。兩次懷孕之間，母牛一般只有三個月或更短的喘息時間。每年在奶牛被採奶的三百零五天當中，有二百多天牠同時亦正在懷孕。可想而知，這很快會耗盡奶牛的生命。一頭奶牛的自然壽命平均大約為二十年，但是在工廠農場裡，牠們一般只能活到五歲，便會因為「機能損耗」不能再生產，而被送到屠宰場。18

由於奶牛被培育成高奶產量的品種，而牠們一生懷孕次數亦極其頻密，因此母乳中的營養素濃度，往往甚至不足以應付每一胎小牛的需要，初生小牛最需要的免疫球蛋白（immunoglobulin）含量尤其不足。再者，因為經營者需要確保小奶牛從著地一刻開始，便接受「最好」的照料和營養，一點「差錯」例如採用了母乳餵哺，都可能影響小奶牛日後的生產力。因此在業界，小牛一般被人工餵飼調製過的牛初乳製品或其他營養液。奶牛一年三百零五天被採集牛奶，當中卻最多可能只有半天，這些奶是可以到達它本應去的小牛嘴裡。

得不到來自母親的餵哺和陪伴，不算是小牛最不幸的地方。大家應該都聽說過小牛肉（veal），有些人甚至嚐過。小牛肉來自牛奶產業中「多餘」的公牛寶寶。如果母牛生的是小母牛，牠會被人精心養起來，他日用來「替換」其母親，繼續產奶和生產小牛。如果是小公牛，牠出生後不久便會從母牛身邊被帶走，圈養在二乘五英尺長的木板或塑料板條箱中飼養。這些板條箱狹小得令牠們無法移動，這是為了讓小公牛缺乏運動，減少身上的肌肉量，以保持其肉質鮮嫩。19 小牛犢在短至一星期，長至五個月的時間內便會被屠宰。在其短暫的一生內，牠們從未嘗過作為一隻牛的正常生活，只能吃到流質營養奶粉，當中包含乳清粉、糖、澱粉和抗生素。調配這種飲食，是有意使小公牛缺乏鐵質和任何會使牠們的肌肉變得太紅的養份——因為對小牛肉愛好者來說，呈淡粉紅色的小牛肉才算上盛。

在工廠農場裡，動物母親是名副其實的生育機器。母豬雖然不像母雞和母牛那樣，要為人類不斷提供蛋和奶，但牠們也不好過。繁殖用的母豬一生大部分時間都生活在連回頭轉身都不可能的所謂「妊娠欄（gestation crate）」裡，反覆地被人工授精。懷孕母豬在自然環境中，會為即將誕生的小豬築巢，然後在上面待產，工廠農場的母豬卻只能待在妊娠欄中直到分娩。在這麼狹窄的空間裡，牠們沒有地方和材料去築巢。由於造巢天性無法發揮，懷孕母豬常常會煩躁不安和表現出強迫症的行為。[20] 而分娩後，母豬和小豬會被轉移到「分娩欄（farrowing crate）」。這亦是一個極度狹窄的空間，以至母豬別無選擇一定要以某個角度躺著，使她的乳頭不斷暴露在小豬的面前。這種情況下，小豬會毫無節制地吸吮母親的乳頭，令母豬身體快速耗損，抵抗力下降而需要抗生素的「保護」。[21] 再過一段時間，小豬未到天然斷奶期便會強行被斷奶，與母親分離。可是，這並非代表母豬得到喘息的機會，因為接著牠便會回到妊娠欄，再開始另一個懷孕產子的週期，直到死亡。英國和瑞典已經禁止了妊娠欄和分娩欄的使用，但在其他大部分國家，尤其美國和中國這兩個肉類生產大國的工廠農場中，它們仍然合法和被廣泛使用。[22]

動物可能不及人類那麼重視天倫之情，沒有那麼深厚的親子關係，但是牠們也確實會出於本能地關心自己的後代。許多動物父母產子後仍會照顧幼子一段時間，尤其是哺乳動物，母獸會用自己的奶餵養幼犢數週至數年不等。對於這些動物母親來說，在大自然決定的適當斷奶時機之前，強迫牠們與幼犢分開是非常難受的事。在養殖場中，為商業考慮和方便管理，年幼動物往往會過早被斷奶。在被過早分離的動物母子身上，有可測量的生理跡象，證明牠們會感到不適。奶牛的幼子被斷奶和帶走後，牠們會表現出受壓的徵狀，例如易怒和煩躁不安。[23] 被過早斷奶的小豬也會表現出與壓力有關的生理問題，例如成熟期延遲，日增體重減少和出現異常的刻板行為。[24] 而且，這些小豬經常會終生患有吮吸和咀嚼的強迫症，在工廠農場的密集環境中，牠們最易找到的嚼咬對象便是其他豬的尾巴或耳朵。25

大家可能留意到，到此我仍未有提及屠宰過程。這是因為我認為工廠農場的主要罪行，不在於屠宰動物的方式。在傳統的家庭式小型農場也好，現代工廠農場也好，有沒有人道屠宰也好，與牠們的整個生命經歷相比，屠宰過程也是暫時性的。談及屠宰，的確是可以很震撼人心，激發人的同情，但這可能會令人把注意力錯置，忘記了工廠農場動物所受的痛苦，絕大部分是發生在牠們的日常生活中，而非只是赴死的那一天。

不過，有一種為最大化利潤而虐待動物的屠宰方式，我希望跟大家分享，膽小者要有心理準備，或者可直接跳過此段。中國動保學者以及中央社會主義學院教授莽萍曾親身觀察國內的工廠農場，以下節錄自莽萍教授於某訪問中的描述：「屠宰前的牛全部受到這樣的虐待，就是鼻子裡插進去一個孔直接到胃裡以後，用這塑料管通著水管子就一直注水，幾個小時牛就這麼靜靜地站著，口鼻流血，牛還這麼靜靜站著，一直到牠幾個小時、十幾個小時完全站不了了，牠的肚子已經圓成那樣一種程度，還在注水，這個時候有的時候，屠夫還要拿一個尖利的器具插到牠的體內，放出牠的氣體然後繼續注水，實在支撐不住了，有的時候一聲都不叫倒在地上死了。所以我覺得這個情況被當作食品衛生報導出來，但是實際上這不僅僅是食品衛生的問題，這實際上是對有生命物虐待的問題。」[26] 可悲的是，這種灌水以增加重量的做法並不是個別事件，也不只用於牛隻身上。工廠式農業所代表的利益掛帥、反人道的經營哲學，漠視了動物和消費者的福利。這不僅令動物的生活苦不堪言，在臨死前，更要忍受額外的痛苦來換取商家的利益。

一般人就算是忠實的吃肉者，聽到工廠農場動物的待遇也會感到不舒服。可惜，生產動物製品的商家也不愚蠢，在包裝、展示和標籤動物性商品時，會掩飾和美化產品背後的動物狀況。他們擅於利用暗示動物得到善待的圖像，來吸引消費者購買他們的產品。[27] 大家不妨留意一下，動物產品的包裝上常常會展示歡樂的動物、可愛的動物寶寶或者放牧在廣闊草原上的動物的圖片。這些影像使消費者在潛意識中認為背後的動物過著差不多的幸福生活，受到了很好的照顧。我們在牛奶廣告和包裝上，總會看到奶牛和牠的寶寶生活在一個非常「綠色」的背景裡。事實上，今天我們所消耗的牛奶，至少有四分之三均來自於工廠式產奶場，裡面的母牛和小牛一生都從未踏足過青草地。[28]

除了造成動物身心上的痛苦之外，現代農業的另一罪狀是沒有尊重過動物自身的「生命目的（telos）」。所有生物——包括人、動物、植物——的生命目的就是做自己。「做自己」對於每一個生命體來說，各有不同意義。不過，按照天性努力存活，是所有生物的共同目的。尊重生命的農場作業模式，應該是讓豬活得像豬，讓牛活得像牛，讓雞活得像雞。如果根據大自然規律，小牛與母牛在一起六個月左右才會自然斷奶，便應該讓牠們母子在一起六個月。如果根據大自然規律，懷孕母豬會挑選地點建巢來準備分娩，我們便應該給予母豬充足的空間選擇分娩地點，並提供築巢用的稻草。現代農業為了人類最大的短期利益，壓抑和扭曲其他動物的本性，它的惡就在於這種不尊重生命的態度。

誠然，一隻自由放養的肉雞和一隻籠養的肉雞，最終結局都是被人屠宰吃掉。人類要從動物身上取得食物，這是赤裸裸的事實。既然所有被使用的動物最後同樣難逃一死，又何必關心牠們的一生過得怎樣？但這種想法非常錯誤。所有生命，所有人，最後都會歸土。不過，生前過上舒適的一生，還是充滿疾苦的一生，區別可大。在良心農場中自由放養的雞仍會被屠宰食用，但至少牠們剛出生時不需經歷痛苦的去喙過程，不用被折斷翅膀，有更闊廣的活動空間，在準備產卵時可以自行選址和收集材料築巢，可以在適合爪子行走的自然環境中棲息，可以享受陽光和沙浴。[29] 至少，自由放養的動物可以比較率性而活。

在廣泛應用抗生素來解決問題的年代之前，使用工廠式設施來密集飼養動物，是不可能甚至無法想像的。在工廠農場前的時期，儘管動物仍然是肉、毛皮、牛奶和雞蛋的來源，但人類與作為資源的動物之間還是有特殊的關係和無形的契約。人們使用更為誠實的方法來保持動物的健康和高產量，就是透過真正照顧和滿足動物的需要。人類仍然從動物中獲益，雖然也算不上是真正等價的交易，但動物也的確在不算太難過的一生中，得到了人類的供養和保護，甚至關心。那時候，農業對環境的破壞也遠遠比現在小。在人類—動物—環境這三角關係中，存在相對公平和誠實的關係。在《聖經》中有一句著名的經文：「上主是我的牧者，我實在一無所缺。」[30] 現在，我們可能不能再隨便使用這個比喻了。

大自然的奇妙之處，在於它的自然平衡，因此人類對動物的過份剝削也並非毫無代價。在工廠化農業模式下，經過選擇性配種的動物身子本身已比較虛弱，密集空間更令疾病很容易感染和傳播。屠宰前的運送過程亦容易令動物受驚、受傷甚至死亡。因此，工廠農場往往需要使用大量抗生素以及預防和治療性的藥物，直接注射於禽畜體內或者添加到動物飼料中。[31] 當人們食用這些動物產品（例如肉、蛋、奶）的時候，殘留的抗生素也循著食物鏈到達人體內。動物產品中的抗生素，不僅令我們體內多了一些化學物質，更危險的是，由於人們在日常進食時攝取了不少抗生素，人體變成了有害病原體對抗抗生素的訓練場，病原體可以迅速進化而獲得對那些抗生素的免疫力——即一般所說的耐藥性。當我們需要使用抗生素來治療疾病時，這些藥物的功效將大打折扣。[32] 世界衛生組織已經承認，在工廠化動物養殖模式中應用抗生素，是造成人類耐藥細菌感染率上升的一大主要因素。[33] 自一九九八年以來，歐盟已禁止在禽畜飼料中使用抗生素，但這做法在全世界其他地方的密集式農場中仍然是常態，而且抗生素作為藥物從未被禁止。工廠農場的動物容易受傷得病，不使用抗生素來防治也是不符合成本效益的。此外，能加速動物成長的類固醇也常常被添加到動物飼料中，這些化學物質也會遺留在動物體內，在人類進食牠們的肉、蛋、奶時歸還給人類。

除了在動物飼料中添加抗生素和類固醇，有部分養殖場為了節省成本以及增加禽畜的蛋白質攝取量，更會以混有「肉骨粉」的飼料餵飼本身是草食性的禽畜。「肉骨粉」其實就是動物屍體賣不出的部分，原材料全是屠場的副產品，例如動物皮毛、瘀黑的肌肉組織、血凝塊、骨頭碎、不能賣的內臟等等。[34] 餵飼「肉骨粉」除了有違草食動物天性之外，亦帶來實在的衛生問題。瘋牛症（mad cow disease）曾大規模爆發的原因，便是由於牛隻進食了由其他帶有病毒的牛屍體而製的「肉骨粉」所造成。[35]

如果說工廠化養殖模式沒有提高肉、蛋、奶的產量，那就是在撒謊。不過，如果隻字不提人類為此付出了的代價，就更是惡意的隱瞞。在全球，產肉和產奶用的牛隻每年排泄近十億噸的廢物，而一個典型大小的籠飼雞場每年的排泄物量亦超過四千噸。[36] 密集式養殖禽畜所產生的廢物，比全球人口生產的多近一百倍。[37] 大量的有機廢料如果沒有處理好，流入河道和大海時會加速藻類的生長，大量藻類會造成其他水生生物缺氧死亡，甚至令稀有的水生動植物物種滅絕。雖說大自然有天然調節功能，可以回收轉化有機廢物，但當今農業的廢物排放速度已遠超環境所能承擔。[38] 從各種人畜共患疾病的興起以及各地的土地、空氣和水污染可見，現代密集式農業所產生的廢物已嚴重威脅環境衛生和人類健康。

現代農業也是造成氣候變化的一大原因。反芻動物（例如牛和羊）在消化過程中會產生甲烷，而甲烷作為一種溫室氣體，其捕捉熱能的能力是二氧化碳的二十四倍。由於現代人史無前例地大量飼養牲畜，等於在大氣中同時添加了大量的甲烷。密集式工廠化養殖造成的溫室氣體排放量，比全球整個運輸系統的總和還要多。下表列出了不同的食物選項在生產和包裝過程中的溫室氣體排放量的大概比例：[39]

食品種類（每公斤）	溫室氣體排放比例（大約）
牛肉	20
芝士	7
魚肉	3
豬肉	3
雞肉	3
一般水果（平均）	1
一般蔬菜（平均）	1

除了污染環境和加速全球暖化，現代農業亦耗用了大量土地、食水和農作物。全球超過七成的可耕土地都是被用於動物農業目的。40 在東非，有一半以上的土地都是專門用於養牛業。41 在拉丁美洲的亞馬遜地區裡，也有約七成的森林地區已被牧畜業開發使用。42 與植物農業相比，動物農業需耗費多倍的土地才能生產出等量的人類糧食熱量。此外，密集式動物農業需要消耗非常大量的飼料來把動物養大。為滿足需求，種植動物飼料的農夫往往要依賴化學肥料和農藥來提高產量。不足數個生長季節，充斥著化學物質的土壤就會出現酸化現象，加速土壤貧瘠化。而土壤結構惡化亦會導致表土流失，適合種植人類農作物的土地面積也從而減少。這也牽涉到公義和公平的問題。本來可以養活當地人的土地，被用作了種植動物食用的農作物，以供應給外地的動物製品產業，當地人卻往往仍然活於貧窮和饑荒的邊沿。43

在上一章也提過，動物的養殖和屠宰過程需要耗用大量水。例如，生產一磅牛肉便需要使用大約二千五百加侖的水，是生產同等重量的小麥、大米或大麥的十五倍。44 這些水大部分用作種植大量動物飼料，餘下則供牛飲用以及在屠宰後用來清潔、處理和加工肉品。根據美國的數據，國內近八成的用水量是來自於動物產品的生產。45 當世上仍有近三成人口缺乏清潔的食水 46 以及超過一成人口長期得不到足夠的食物 47，我們卻把大量可耕農地和水用於種植餵養牲畜的農作物，這是說不過去的。每年全球為人提供肉、蛋、奶的農場動物需要吃掉十三億噸的穀物——當中大部分是用於餵飼豬和家禽。[48] 用來飼養牲畜的穀物和玉米的數量，完全足以為世上每一個人提供溫飽有餘。大量生產動物製品不僅是在低效地利用自然資源，工廠化畜牧模式的引入更導致地區穀物價格上漲。[49]

從營養角度來說，吃動物製品所滿足到的更多是口腹之慾，而不是人體實際的營養需要。以牛肉為例，生產一磅的牛肉需要消耗整整十六磅的穀物。而這十六磅的穀物所含熱量卻是一磅牛肉的二十一倍，所含蛋白質是牛肉的八倍，顯然也包含更多的纖維。[50] 考慮到世界仍有龐大的人口營養不良，每次我們準備去吃牛排時，這些數據值得我們思考。本書目的不在於詳談素食營養學，但除非很特殊的健康狀況或食不得其法，世上不存在純素飲食不能為人體提供的營養。因此，肉食對絕大部分城市人來說，是奢侈品卻非必需品。而個人的飲食習慣不只會影響個人健康，也會影響他人的健康，甚至得到溫飽的機會。如果過盛的肉食這種特權式享受會傷害到他人的基本利益，哪怕這些「他人」與我們的生活沒有直接交集，我們也有道德義務去改變自己的飲食習慣。

現代工廠化農業帶來了各種問題。在這種短期內高效、長期卻不可持續發展的農業模式下，動物、環境以及我們自身的健康默默付上了昂貴的代價。由於這些傷害的造成，我們已經不需要深究吃肉對不對等深奧的哲學問題，因為即使吃肉本來是自然和正確的事，也變成了不道德的事。有少部分吃肉者愛嘲諷素食者是偽君子。我認為，真正的偽君子是那些只知道享受肉食，不考慮世界其他地方正在發生什麼事情的人。他們以為可以站在道德高地上，笑看那些愚蠢地放棄了肉食樂趣的人，卻不知大家其實同坐一艘船上，肉食帶來的問題最終也會危及到他們自己。

這些美麗的母雞都是從密集式籠養雞場中獲救至 Hugletts Wood。籠養生活令牠們最初抵達時，視力幾乎全失，身上剩下的羽毛寥寥可數，並且不願活動。經過數星期後，母雞們漸漸適應過來，明白自己可以有空間到處走動，伸展翅膀。經過數月時間，一身壯麗的羽毛也漸漸長回來。牠們現在生活在 Hugletts Wood 的櫻桃園中。

小豬 Sigri（圖右）於 2020 年的情人節獲豬農「特赦」，及後被送往位於英國東薩塞克斯的農場動物庇護所 Hugletts Wood。牠當時只有三週大，被剪過的尾巴處有發炎跡象，因此經常要往返獸醫診所。Sigri 在車上時最愛探頭觀看街上風景，路人看見亦會與牠打招呼。

小羊 Twiglet（圖左）的母親在農場中誕下牠後不幸離世，農夫一般都不願花額外工夫親自餵養失去母羊的幼羊，而會任由牠們在農場外自生自滅。幸而，Twiglet 的農夫把牠送往了 Hugletts Wood。牠便在此和 Sigri 一起成長，成為形影不離的好朋友。

相片由英國東薩塞克斯農場動物庇護所 Hugletts Wood 提供。

1 Peter Singer, *Animal Liberation: The Definitive Classic of the Animal Movement Updated Edition* (New York: HarperCollins Publishers, 2009), p. 106.

2 Kerry Walters, *Vegetarianism: a Guide for the Perplexed* (New York: Continuum, 2012), p. 27.

3 Sonia Faruqi, *Project Animal Farm: An Accidental Journey into the Secret World of Farming and the Truth about Our Food* (New York: Pegasus, 2015), p. 17.

4 Margo DeMello, *Animal and Society: An Introduction to Human-Animal Studies* (New York: Columbia University Press, 2012), p. 134.

5 Miyun Park and Peter Singer, "The Globalization of Animal Welfare", *Foreign Affairs*, Vol.91 No.2 (2012), pp. 122-133.

6 同註2，頁二十六。

7 王磊：〈動物福利：被忽略的常識〉，《人民畫報》，二〇〇九年八月一日，第六期。取自 http://www.china.com.cn/book/zhuanti/qkjc/txt/2009-08/01/content_18247070.htm，二〇一八年五月二十五日擷取。

8 同註2，頁二十六。

9 John Webster, *Animal Welfare: Limping Towards Eden: A Practical Approach to Redressing the Problem of Our Dominion Over the Animals* (Universities Federation for Animal Welfare (UFAW), 2005), p. 66.

10 同註2，頁二十一。

11 同註3，頁二三。

12 同註4。

13 同註2，頁二十二至二十三。

14 同上。

15 S. van Hoorebeke, F. van Immerseel, J. Schulz et al., "Determination of the Within and Between Flock Prevalence and Identification of Risk Factors for Salmonella Infections in Laying Hen Flocks Housed in Conventional and Alternative Systems", *Preventive Veterinary Medicine*, Vol.94 (2010), pp. 94-100; Lucy C. Snow, R. H. Davies, and K. H. Christiansen et al., "Investigation of Risk Factors for Salmonella on Commercial Egg-laying Farms in Great Britain, 2004-2005", *Veterinary Record*, Vol.166 No.19 (May 2010), pp. 579-586.

16 I. R. Dohoo, L. DesCôteaux, K. Leslie et al., (2003). "A Meta-analysis Review of the Effects of Recombinant Bovine

Somatotropin", *Canadian Journal of Veterinary Research*, Vol.67 No.4 (Oct, 2003). pp. 252-264.

17 同註2，頁二十四至二十五。

18 同上。

19 同上。

20 SVC (Scientific Veterinary Committee), *The Welfare of Intensively Kept Pigs. Report of the Scientific Veterinary Committee* (Brussels: Commission of the European Communities, Directorate-General for Agriculture, 1997).

21 Peter J. Li, "Exponential Growth, Animal Welfare, Environmental and Food Safety Impact: The Case of. China's Livestock Production", *Journal of Agriculture and Environmental Ethics*, Vo . 22 No.3 (Jun, 2009), pp. 217-240.

22 同註2，頁二十六。

23 Ruth Harrison, "On Factory Farming", In S. Godlovitch, R. Godlovitch, and J. Harris (eds.), *Animals, Men, and Morals: an Enquiry into the Maltreatment of Nonhumans* (New York: Toplinger, 1972).

24 Francien H. De Jonge, "Animal Welfare? An Ethological Contribution to the Understanding of Emotions in Pigs", In M. Dol, S. Kasanmoentalib, S. Lijmbach et al. (eds), *Animal Consciousness and Animal Ethics: Perspectives from The Netherlands* (Assen: Van Gorcum, 1997) pp. 103-113.

25 Michael Pollan, *The Omnivore's Dilemma: A Natural History of Four Meals* (New York: Penguin Press, 2006).

26 中央電視台（CCTV）:〈動物福利〉，《央視國際》，二〇〇六年四月十九日。取自 http://www.cctv.com/news/special/C15587/20060419/101264.shtml，二〇一七年五月六日擷取。

27 Jonas R. Kunst and Sigrid M. Hohle, (2016) "Meat Eaters by Dissociation: How We Present, Prepare and Talk About Meat Increases Positivity to Eating Meat by Reducing Empathy and Disgust", *Appetite*, Vol.105 (Oct, 2016), pp. 758-774; Luiza Toma, Alistair W. Stott, Cesar Revoredo-Giha et al., "Consumers and Animal Welfare. A Comparison between European Union Countries", Appetite, Vol.58 No.2 (Apr, 2012), pp. 597-607.

28 同註2，頁二十五。

29 Michael Balluch, "The Ban on Battery Hen Farming in Austria", *Paper presented at the National Animal Rights Conference, Auckland*, (Mar 28-29, 2009).

30 《聖詠集》第二十三章第一節（思高本）

31 同註21。

32 Jim O'Neill, *Tracking Drug-Resistant Infections Globally: Final Report and Recommendations. The Review on Antimicrobial Resistance chaired by Jim O'Neill* (London: HM Government & Wellcome Trust, 2016).

33 John Robbins, *The Food Revolution*, 10th anniversary edn. (San Francisco, CA: Conari Press, 2011), pp. 139-140.

34 同註3，頁一二七至一三〇。

35 CDC, "About BSE (Bovine Spongiform Encephalopathy)", *Centers for Disease Control and Prevention* (9 Oct, 2018). From https://www.cdc.gov/prions/bse/about.html, retrieved 26-10-2018.

36 同註2，頁一二〇。

37 Derek Ryan, *Animal Theory: A Critical Introduction* (Edinburgh University Press, 2015), p. 146.

38 同註5。

39 Martin C. Heller, Susan E. M. Selke, and Gregory A. Keoleian, "Mapping the Influence of Food Waste in Food Packaging Environmental Performance Assessments", *Journal of Industrial Ecology*, Vol.23 No.2 (Mar, 2018), pp 480-495.

40 Jonathan A. Foley, Navin Ramankutty, Kate A. Brauman et al, "Solutions for a Cultivated Planet", *Nature*, Vol.478 (2011), pp. 337-342.

41 John Lawrence Hill, *The Case for Vegetarianism: Philosophy for a Small Planet* (Lanham, MD: Rowman & Littlefield Publishers, 1996), p. 108.

42 Henning Steinfeld, Pierre Gerber, and Tom Wassenaar et al., *Livestock's Long Shadow: Environmental Issues and Options* (Rome: Food and Agriculture Organization, 2006), p. 21.

43 Tom Benton and Bojana Bajzelj, "Guest Post: Failure to Tackle Food Demand Could Make 1.5C Limit Unachievable", *Carbon Brief Clear on Climate* (Mar 23, 2016). From https://www.carbonbrief.org/guest-post-failure-to-tackle-food-demand-could-make-1-point-5-c-limit-unachievable, retrieved 27-7-2017.

44 同註2，頁一二一。

45 同註41。

46 WHO & UNICEF, *Progress on Drinking Water, Sanitation and Hygiene: 2017 Update and Sustainable Development Goal Baselines* (Geneva: World Health Organization and the United Nations Children' s Fund, 2017).

47 FAO, IFAD, UNICEF. WFP, and WHO, *The State of Food Security and Nutrition in the World 2020. Transforming food systems for affordable healthy diets*. (Rome: Food and Agriculture Organization, 2020), p. ix.

48 Bryan Walsh, "The Triple Whopper Environmental Impact of Global Meat Production" (Dec, 2013), *TIME*. From https://science.time.com/2013/12/16/the-triple-whopper-environmental-impact-of-global-meat-production/, retrieved 13-1-2019.

49 同註5。

50 同註2，頁一五二。

Chapter 7

「君子遠庖廚」是否便已足夠？

「君子遠庖廚」來自《孟子．梁惠王上》，整節是這樣的：「君子之於禽獸也，見其生，不忍見其死；聞其聲，不忍食其肉。是以君子遠庖廚也。」就算不了解中國哲學和儒家理論，也不難明白這句話。它所描述的是一種大多數人共有的普遍情感。我們不會特別想觀看宰殺一隻動物的過程，進食時更不會刻意去想像。如果我們見過一隻動物活著的時刻——呼吸、走動、用五官感知環境——如我們自己一樣，而接著又要看著同樣的這隻動物被宰殺，難免會感到很不舒服。要是這個屠宰過程不太平靜，便更令人難受。所以，孟子相信一個「君子」或者善良的人不會想要走近屠宰場。

實際上，大多數人的確不會也不需要走近屠宰場。[1] 我相信很多吃肉者一生都沒有到過屠宰場或看過屠宰。我們未見過、不認識也沒有親手傷害餐桌上的動物，所以就算殺生是一種罪過，也不算在我們頭上。我們手不沾血。所以，按照孟子的標準，我們是不是就已經能夠「保持清白」？連孟子也只是說君子遠庖廚而不是君子戒肉，看來遠庖廚已經仁至義盡了吧？那句話是不是為屠宰場帶來的道德問題提供了出路？

孟子提出的「遠庖廚」建議，不能只從字面上解讀。否則，我們會誤以為孟子若是一個現代人的話，會建議我們遠離血汗工廠和販賣兒童的地方，卻不必嘗試做任何事去改善情況。[2] 孟子應該不會消極如此。而他亦曾盛讚齊宣王對牛的同情心，可見亦非完全對動物無情之人。3 那麼，為什麼孟子會給出「遠庖廚」的建議呢？

我們需要考慮到，古代各種糧食供應相對不穩定，在大部分的時期裡，除了因為宗教原因和節日外，一般人平時都沒有「挑食」的特權。對平民來說，有魚有肉代表溫飽，一家人得以生存下去。要是孟子在這個背景下，提出君子不能殺生吃肉，恐怕人們都會對儒家敬而遠之，寧要家人健康，也不想做所謂的君子。再加上，當時的科技相對匱乏，無痛屠宰比較難以做到。既然一般人不能放棄肉食，屠宰過程亦必然血腥和震撼人的情感，因此孟子才會提出「君子遠庖廚」這個折衷的方法給予當時的人。

換言之，孟子建議如果我們真的不能對暴行採取任何行動，至少也應盡最大努力不參與其中。然而今非往昔，以前的人要用「眼不見為淨」的折衷法，來處理動物痛苦帶來的道德問題，現在的人卻是時候正面迎對這些問題。現在迅速和近乎無痛的屠宰技術廣泛存在，只等著肉商們應用而已。而且，對絕大部分本書的讀者來說，日常生活中的食物既豐裕亦種類繁多，被迫要吃肉維生這種事情不太可能發生。隨著營養學的發展，我們更了解到素食者也可以健康生活甚至長壽，動物性食品並非維持健康的必需品，反倒是許多慢性疾病的誘因。因此，不同於我們的祖先，現代人可以選擇人道屠宰，或者選擇不吃或少吃肉食，而不再只能「遠庖廚」。在現代，肉食變得不再必要的情況下，「遠庖廚」這三個字更顯得虛偽。

行筆之時，我仍然是一個偶會吃肉的人。我承認絕大部分的吃肉者——包括我自己——都是偽君子。因為「正直」地吃肉的方式只有一個。經典劇集《權力遊戲》（*The Game of Thrones*）中有一句名言：「宣判死刑之人應當親自揮劍。」[4] 不虛偽的吃肉方式，就是吃肉的人親自執行屠宰。但是，我們吃肉者當中有多少人可以做得到？非洲斯瓦希里人會吃大猩猩的肉，他們之中有一句諺語：「永遠不要看大猩猩的眼睛。」因為那會使人不忍殺死和吃掉牠們——牠們看起來太像我們自己了。[5] 有研究曾經訪問吃肉人士這個假設性問題：如果你必須親手屠宰自己食用的動物，你會繼續吃肉嗎？絕大部分受訪人士均表示不會。[6] 當一頭牛站在我面前，用大眼睛看著我時，我能揮劍嗎？恐怕我永遠做不到。英國最大的肉類生產商的屠宰員培訓師曾經表示，他認為只有「某種人」才能執行屠宰程序，需要在某程度上對生命變得無情的人。[7]

就算是認為不需要在乎動物的人，至少也應該認同需要關心自己和其他人類同胞。工廠農場和屠宰場不僅僅是動物的地獄，而且也帶來了有關人類的道德和「實際」問題。屠宰場的運作必然會涉及人。無論屠宰場變得如何自動化，總需要執行者去啟動，或者至少要設計師、工程師還有負責人。這些也是有道德意識的人，如同你我。如果一個有道德意識的人對於動物是「見其生，不忍見其死」，不會想參與屠宰動物的工作，甚至不會想接近屠宰場，那我們怎麼能推別人去做這種不舒服的行為，再虛偽地以為自己是君子呢？

有訪談研究發現，屠宰場工作的確會嚴重損害員工的心理健康。其中一位受訪屠宰執行員分享道：「只要在屠宰坑中工作一段時間，你便會養成一種敢殺而能夠滿不在乎的心態……來到這裡的豬有時會像小狗一樣，走過來輕輕摩擦我。但兩分鐘後，我不得不殺死牠們——用硬管將牠們打死。我不可以放在心上。」[8] 我們想吃肉，也想感覺良好，遠離血腥的場面。所以我們出錢，讓另一些人去為我們揮劍，自己手上不沾血。我對於人們不關心食用動物從不驚訝，因為大部分人連屠宰動物的人類員工都不會關心，甚至可能沒有想像過這些人的存在。

在工廠農場工作的人，多多少少會意識到動物的情感。因此，對於客觀的農場環境令動物受苦以及需要宰殺牠們時，大部分員工都會有負面情緒。[9] 長時間在屠宰區工作，會使員工患上創傷後遺症（PTSD）等心理疾病的機會大增。[10] 部分員工更反映，他們需要以酗酒、吸毒甚至虐待家人來「自我治療」，以抒發平時工作中目睹和參與的暴力行為帶來的精神壓力。[11]

一開始，一個工廠農場或屠宰場的員工可能還會同情快將上刑場的動物。但久而久之，作為一種自我保護機制，人亦會出現同情心疲勞。禽畜身體上的不適、行為上的驚恐煩躁、疾病和早夭等等，本來應該是引起同情的事。可是對於需長時間工作的員工而言，受苦、受驚或過早死亡的動物帶來額外的工作量，讓他們更感到憤怒和不耐煩。[12] 著名的俄羅斯作家列夫・托爾斯泰（Leo Tolstoy）到訪一所屠宰場後，在一八九二年發表了一篇名為《第一步》的文章，他寫道：「太可怕了！不是動物的痛苦和死亡可怕，而是看到了人不必要地壓抑自己的至高心靈能力——同情和憐憫其他類同自己的生物的能力，並且由侵犯自己的情感而變得殘酷不仁。」[13] 此行甚至使他提出，素食是通往精神啟蒙和人類道德成熟的必經之路。

肉品業不僅僅為員工帶來上述各種心理問題，更為他們造成「實質」的生理傷害。由於對肉品的龐大需求，這些員工經常需要長時間工作，整天使用高危的設備和鋒利的工具快速地進行重複性的步驟。屠宰區不僅瀰漫著讓人反胃的氣味，而且由於地板濕滑，滑倒而導致的工傷時有發生。員工亦常會被掙扎的動物踢倒和撞傷，甚或被屠宰用的機器和刀具意外割傷。數據顯示在食品製造行業中，屠宰場員工的受傷和生病比率最高。即使是在美國這個擁有相對先進科技和機器的國家，每年由於工作環境而受傷的屠宰場員工也有超過百分之十三。[14]

如果必須吃肉，屠宰場便必須存在，也必須有人執行。我們只能使這份工作更人性化、合乎人道以及安全。這樣的話，屠宰場裡面的人，以及接近它的人，或許就不會感覺那麼不良好。這樣的話，或許君子也可以近庖廚，甚至走進庖廚。而透過減少對肉食的需求，我們或可從長遠改善屠宰工作的安全。需求減少會降低社會對肉品業的依賴，漸漸讓更少人進入該行業而投身到更好的產業，並且能推動屠宰業內人士進行變革。

總括而言，「遠庖廚」作為道德標準在現代已經不再足夠，因為素食和少肉飲食已經是可行的選項，而且我們也需要關心在「庖廚」內工作的人。更重要的是，「遠庖廚」並不能解決在上一章提及的動物產品產業帶來的其他實際問題——環境仍會受到破壞，抗生素仍會被濫用，健康仍會受到威脅，土地和水仍會被大量消耗……事實上，我們越選擇「眼不見為淨」，越漠不關心，便會越覺得可以繼續大魚大肉。這樣的話，上述問題也越難得以紓緩和解決。

1 Sonia Faruqi, *Project Animal Farm: An Accidental Journey into the Secret World of Farming and the Truth about Our Food* (New York: Pegasus, 2015), p. 165.

2 Donald N. Blakeley, "Listening to the Animals: The Confucian View of Animal Welfare", *Journal of Chinese Philosophy*, Vol.30 No.2 (Jun, 2003), pp. 137-157.

3 《孟子・梁惠王上》

4 "The man who passes the sentence should swing the sword."，來自於《權力遊戲》第一季第一集。

5 （美）哈爾・賀佐格（Hal Herzog）著，彭紹怡譯：《為什麼狗是寵物？豬是食物？：人類與動物之間的道德難題》（台北：遠足文化，二〇一二年），頁九十五。

6 N. J. Richardson, R. Shepherd, and N. A. Elliman, "Current Attitudes and Future Influences on Meat Consumption in the U.K.", *Appetite*, Vol.21 No.1 (1993), pp. 41-51.

7 Erika Cudworth, "Killing Animals: Sociology, Species Relations and Institutionalized Violence", *The Sociological Review*, Vol. 63 No.1 (2015), pp. 1-18.

8 Gail A. Eisnitz, *Slaughterhouse: The Shocking Story of Greed, Neglect, And Inhumane Treatment Inside the U.S. Meat Industry* (New York: Prometheus, 1997), p. 87.

9 Rhoda M. Wilkie, *Livestock/Deadstock: Working with Farm Animals from Birth to Slaughter* (Philadelphia, PA: Temple University Press, 2010).

10 Jennifer Dillard, "A Slaughterhouse Nightmare: Psychological Harm Suffered by Slaughterhouse Employees and the Possibility of Redress through Legal Reform", *Georgetown Journal on Poverty Law & Policy*, Vol.15 No.2 (2008), pp. 391-408.

11 同註8。

12 Kerry Walters, *Vegetarianism: A Guide for the Perplexed* (New York: Continuum, 2012), p. 147.

13 Leo Tolstoy, "The First Step" (1892), *International Vegetarian Union (IVU)*. From https://ivu.org/history/tolstoy/the_%20first_step.html, retrieved 16-6-2020.

14 Margo DeMello, *Animal and Society: An Introduction to Human-Animal Studies* (New York: Columbia University Press, 2012), p. 139.

Chapter 8

動物界中的捕食者也殘殺獵物，為什麼人類就不可以？

獅子追著水牛、豹子撕開羚羊——看過野生動物紀錄片的人一定看過這些場面，捕食性動物會以相當血淋淋的可怕方式殺死獵物。我們說動物是有感知的資源，我們說使用的時候應考慮牠們的感知性，我們說工廠農場怎樣虐待動物，但當豹子拿下羚羊作為午飯的時候，牠可有考慮到可憐的羚羊的感受？如果動物之間可以這樣為生存而殺戮，為什麼人類便不能這樣對待牠們？

正如動物倫理學家湯姆·雷根（Tom Regan）所說，持這種「追隨自然」觀點的批評者只會提出人類可以仿效捕食性動物傷害其他動物的行為。然而他們只提倡自然中的這一小部分，卻從來不提倡人類也應仿效動物而放棄汽車、放棄電腦和手機、廢除私有財產和婚姻制度等等。[1] 這些人當真是想回歸自然？還是在為虐待動物找藉口？

有些人可能真心堅信「自然的就一定是好/正確」。然而，這種訴諸自然的想法也是一種思想謬誤。顯然不是所有來自大自然的都是好的——地震、海嘯、有毒的果子、病毒……這些都是我們避之則吉的。在道德問題上，大自然更不是一個好老師。在動物世界裡，尋找健康的對象交配，傳承自己的基因是牠們頭等重要的「物」生目標。因此，有不少物種的雄性動物會展現「殺繼子」的行為。當雄性動物找到了合適的交配對象，如果這交配對象帶著幼仔，那麼牠便很可能殺死這些不屬於自己的「繼子女」，因為這些「繼子女」不是攜帶著牠的基因。雄性動物這樣做，在我們文明人看來是違反人倫（雖然這樣的事也在人類社會發生過⋯⋯），但在生物學的角度看，卻非常自然合理。雄性動物出於本能地殺繼子，是為了消除讓雌性動物「分心」的事物，增加雌獸的交配意欲，並確保交配成功後，這個動物媽媽會全心全意只照顧攜帶自己基因的子女。

這種看來很邪惡卻非常自然的動物行為現象，是不是給予了人類繼父傷害甚至殺害繼子女的許可？即使是那些「追隨自然」的人，也會說當然不是，因為人禽有別。想必大家已經看到了訴諸自然以尋求道德解脫的荒謬。這荒謬從何而來？那是由於道德和倫理僅僅是「人界」中的事，不適用亦不通行於動物界。所以，縱然大自然為人提供很多寶貴資源，卻不會提供一本現成的道德天書——我們得 DIY。

另外，其實我們都誤會了捕食性動物。捕獵的血淋淋畫面讓我們只想到「野蠻」、「殘酷」和「痛苦」。事實上，如果「殘殺」的意思是「殘忍地殺死」，那麼捕食性動物並沒有殘殺牠們的獵物。獵物死亡時其實很快失去意識，只有短暫痛苦。即使在某些情況下死亡過程長達十分鐘之多，那也只是十分鐘。對比一下落入我們手中的食用動物，牠們在現代密集式養殖場中經歷的痛苦，可是按月按年計算，而且是從出生到死亡，從無間斷，那可是一生的痛苦。捕獵的畫面縱然看起來很兒童不宜，捕食性動物卻沒有圈禁並虐待牠們的獵物足足一生。

再者，與全能和睿智的人類不一樣，捕食性動物別無選擇。動物很大程度上只依順本能而活。肉食動物有吃肉的本能，牠們沒有理由去逆天性而行。由於道德和倫理是人界的事，不適用於動物界，所以動物實在也無法進行任何道德反思。就算獅子意識到獵物的痛苦，但牠也不會像我們一樣，動了惻隱之心。因為人禽有別，所以人有選擇，我們不是自然本能的奴隸。文明社會的人會分辨哪些生物衝動可以順從，哪些不可以。絕大部分的人都不會像狗一樣，情到濃時便跟伴侶在大街上行周公之禮。而且，人也能夠進行道德反思。在道德倫理的領域內，把人類行為與動物行為相提並論，等於是侮辱了人性。

正如雄性動物對繼子實在沒有任何道德義務，而獅子對獵物也不需要負任何責任。動物沒有責任以「適當」或「道德」的方式對待任何人或其他動物，因為動物不是道德範疇中的「懂事理者」（moral agent）。牠們不受道德約束，不能做「好事」或「壞事」。動物只是根據自然本性和生物定律做牠們所做的事情。因此我們不能評論動物某些行為的道德價值，牠們的任何行為既不屬於「道德」，也不屬於「不道德」。只有人的行為可以被評價為對或錯。2

獅子和獵豹沒有義務無痛殺死獵物，人類卻要在屠宰家禽和家畜時盡量減少牠們的痛苦，這不是雙重標準嗎？其實不然，因為人是「懂事理者」，正確與錯誤的概念只來自於人界。除了人類之外，沒有任何動物能夠理解什麼是道德或不道德。正正是道德觀念這個偉大的「發明」或「發現」，讓人類從動物界的所有成員中脫穎而出，有了人禽之別。道德感驅使人對自己的行為負責，並且知善惡。相反，其他動物不會具備這種人類限定的道德感，所以牠們不需要也無能力為自己甚至不理解的事情負責。

現在，看起來人類是用道德把自己雙手束縛起來了。的確，如果沒有道德意識，我們可以更方便地根據自己的衝動去做各種想做的事情，就算壞事做盡也不會不好受，因為沒有良心的聲音去為難我們。也許道德的確是把人的雙手束縛起來，不過無道德的話，那樣的人甚至不能稱之為人。從社會現實角度看，要是沒有道德感和良知，人類難以過上豐富的社會群體生活。在只奉行弱肉強食的環境裡，沒有互信，人人自危，互惠互利的人際關係和友誼幾乎不可能存在。擺脫了道德的束縛，讓我們感受到人間溫暖的信任、同情、體諒和寬容也不會存在。

無可否認，暴力事件在自然界非常普遍，殺繼子、殺配偶、偷食物、搶地盤等等都不是新鮮事，上不了大自然日報的頭條。可是，即使暴力在大自然中是「自然」的，在人界中也是不自然。自從文明社會的出現，我深信只有極少數人會認為，男人為了想讓女人全心替自己傳宗接代而殺死她原先的孩子是「自然」的。這對於某些動物來說是一種完全自然的行為，但對於人類來說絕對不自然，而是很可怕的暴行！而赤身露體走在街上和在公眾地方繁殖後代，也不是文明人的自然行為。所以，把大自然的一套盲目搬到人類身上，輕則鬧出笑話，重則釀成人倫慘劇。

從實際角度來看——不說道德不道德的問題——即使我們不再虐待動物，事實上很多動物仍然會在野外被其他動物殘酷地殺死。有時候，捕食性動物的手腳也未必每次都很俐落，偶爾也會導致牠的獵物不得善終。那麼，我們又是不是應該把所有獅子老虎安樂死或者關起來，以保護牠們的獵物？再以人工辦法維持生態平衡，把本來會被獅子捕食的獵物物種成員安樂死？

暫時來說，這方法是行不通的，因為人類根本沒有能力和睿智去全面管控生態系統，過往去影響生態運行的嘗試，往往也適得其反。即使人類真有這樣的能力，除掉捕食性動物以保護獵物的做法仍有不妥，原因有二：

第一，在正常情況下（而不是因捕食過度導致獵物瀕臨滅絕的情況），我們沒有理據犧牲捕食性動物的自由，牠們順應天性去捕食並沒有做錯。動物不同於人，牠們沒有任何道德責任，也不應得到任何懲罰。小時候的卡通片和故事書會將狼、老虎等捕食性動物描繪成大反派，但事實上狼就是狼，老虎就是老虎，牠們不是立心不良的「壞蛋」，只是按天性行事的動物。捕食性動物和其獵物的關係，是大自然建立和塑造的，當中不涉及誰是正義誰是邪惡。我們人類無權為了保護一種無辜的動物而主動傷害另一種無辜的動物。因此，殺死野生的捕食性動物肯定不是合乎道德的解決方案之一。

第二，人類為全球動物直接和間接造成的痛苦，無論用何種算法來算，都要遠比捕食性動物造成的龐大。我們應該首先糾正我們自己所犯的錯誤。就如先前所說，被捕食的獵物的痛苦沒有畫面看起來那麼嚴重。我們應先著眼於減少那些一生困於工廠農場的食用、產蛋產奶用和皮毛動物所遭受的痛苦。

動物的痛苦永遠不會完全消失。有一些痛苦是牠們一生中無可避免的，例如疾病、寄生蟲、自然災害和意外等等，而我認為在野外被捕食性動物所捕食也是其中之一。這種痛苦不是「可避免」的，因為捕食性動物沒有相關的認知能力，來刻意減少獵物遭受的痛苦。只有人類有這能力，所以人類可以並且應該減少我們的「獵物」所受的痛苦。只要我們選擇不給動物造成可避免的痛苦，牠們便不需要遭受任何不必要的痛苦。整體來看，全世界的動物痛苦總量便會減少——即使野外仍然上演著弱肉強食的事件。

我們的目標不應該是終結動物的痛苦，而是終結人類的殘酷。我從未夢想過在人類停止虐待動物之後，世上所有動物都會快樂地生活。這是地球而非天堂，在自然界中，痛苦是普遍存在的。所以，最迫切的工作不是消除動物所受的痛苦，而是消除人類造成的殘酷，擴大我們的關懷圈和同情心。

最後，一件借自然為名的醜惡行為也值得一提，就是動物園裡的活物餵食「表演」。在野外，捕食行為是有意義的——不僅對捕食性動物有好處，填飽了牠們的肚子，也對被捕食的獵物群體有好處。捕食行為是物競天擇的顯現，長遠推進物種演化。對於獵物個體而言，過程可能會有痛苦，但是不夠強健的個體被「除掉」後，事實上有利於獵物所屬物種的延續。此外，野外的捕食行為是大自然的公平競爭，捕食性動物運用了全身的腦力和勞力才偶有機會可以捕獲獵物，得到飽食也是受之無愧。而不幸被捕食的獵物也是因不夠強大而被捕食，也是怨不得天。既是公平競爭，有輸家也有贏家，但兩家都只是在扮演大自然賦予牠們的角色，輸家贏家都保有尊嚴。

動物園裡的活物餵食「表演」卻不能相提並論。在圈禁環境下，被投進去的獵物無處可逃，沒有一線生機。獵物物種的逃跑天性很強烈，當牠發現自己無路可走時，便會極度恐慌。而圈裡的捕食性動物根本不需要花上多少技能或計謀，也能捕捉到這隻送到爪邊的獵物。在這扭曲、不自然的情況下，根本無法觀察到所謂的捕食性動物的技巧和勇氣。這不是捕食行為，卻只是一場殘酷的荒誕表演。

---

1 （美）湯姆・雷根（Tom Regan）著，陳若華、林云也譯：《打破牢籠》（台北：中華民國關懷生命協會，二〇一六年），頁九十一。

2 有關動物倫理中道德主體和客體概念的詳細說明，可參見湯姆・雷根於一九八三年所著的《為動物權利辯護》（*The Case for Animal Rights*）。

Chapter 9

為什麼吃貓狗會惹來更多道德爭議？

豬、牛、羊也是動物，為什麼吃牠們就沒有那麼多人抗議？某某地方辦個狗肉節，卻成為眾矢之的。這現象讓很多人大惑不解，甚至覺得關心和拯救肉用貓狗的非素食者是雙重標準。無可否認，很多時候人的思考模式是感性主導。世界上愛貓愛狗的人，遠比愛其他肉用動物的多。對於很多人來說，就算他們對動物福利沒有概念，吃貓狗也過不了情感那一關。

上萬年前我們的祖先便把貓狗帶進家中成為伙伴，貓狗與人類一起生活，建立起感情。對這些家庭來說，即使彼此屬於不同的物種，牠們也是家中一員。人會無償無私地照顧貓狗，在牠們身上得到受重視和被需要的滿足感，日久，兩者之間亦會產生一種類似友情和親情的同伴之情。一旦一個人有了貓狗是人類朋友或家中一分子的觀念，那麼無論任何人宰殺和吃貓狗，都會令自己感到毛骨悚然和難以接受。這是人之常情。

可是，抗議吃貓狗的原因絕不完全是因為情感上不能接受。撇開貓狗在人類情感中的特殊地位，吃貓狗實際上也與吃豬牛羊大有不同。

在中國、韓國和越南這三個仍有較大規模食用貓狗習慣的亞洲國家中，調查發現被宰吃的狗隻大部分都是盜來的伴侶動物，被人從疏於防範的家中誘拐。1 可想而知，這種無情的盜竊行為為那些不幸的家庭帶來了多大的傷害。一個多年相伴、共同成長的家庭成員，一夜之間失去蹤影，很可能被粗暴虐打，最後葬身油鍋，淪為某個食客某天某餐的盤中物，這是多麼難以接受的噩耗。很可惜，這不是我編出來嚇人的故事，而是不斷在貓狗肉業的黑幕後重複上演的真事。被盜的狗兒貓兒，曾經是一個家庭的心頭肉，是小孩的玩伴和好朋友，有名字和個性。現在，牠卻變成一塊塊沒了生氣、沒了靈魂的桌上肉。

除了貨源問題造成了嚴重的倫理悲劇，食用貓狗也為食品安全帶來危機。2 無論是偷來的家庭動物，還是抓來的街頭貓狗，在籠疊籠的惡劣情況下被運送，不少動物都在途中死亡。絕大部分商販是不會浪費這些肉的，縱然該動物可能已死去多時。3 而即使是活著、在食客面前被活宰的動物，牠們也是未經檢疫。根據亞洲動物基金發表的調查報告，流浪貓狗身上經常帶有狂犬病或抓貓狗的人所使用的毒藥，例如可嚴重干擾生物心跳和呼吸的氰化物。4 於是，不知名的病菌和毒素便會經食物鏈進入人類社區。這種衛生問題不只出現於貓狗肉業中，還有其他缺乏和難以監管的野味行業。

以上的問題看來也不難解決，只要加強監管，改善衛生，把飼養和屠宰過程系統化，杜絕偷盜和下毒的手法，不就可以了？然而，貓狗肉產業之所以經常依靠不見得光的手段來取得貨源，當然有其原因。貓狗屬於肉食性動物，難以大量繁殖，更不適合大量圈養，因為在擁擠受壓的環境中，嚴重的打鬥和相互撕咬會經常發生。身上帶傷的貓狗很容易受感染和患病，增加死亡風險。從利潤角度看，這會造成農場極大的經濟損失。因此，大型的肉貓肉狗養殖場十分難以經營。再加上，肉食性動物的性情天生比草食性動物「剛烈」，反抗性強。在運送途中，許多貓狗會因為本能反抗而被粗暴抓捕和虐打，再被強行塞進狹小的籠子裡，骨折和斷尾的情況屢見不鮮。5

人類與貓狗的伙伴關係已經有上萬年的歷史。基於適者生存的演化原則，能在人類群體中存活並繁衍後代的貓狗，都是最「懂得」惹人憐愛的，牠們甚至可以感知人類的基本情感。6 即使沒有親身飼養過貓狗，只要有跟貓狗交流過的人，都會發覺這些小東西近乎擁有與人類似的心靈，是擁有自己個性的個體，實在很難把牠們視作一團肉和一道菜。貓狗是否已經演化出心靈，沒有人可以說得準，因為我們也不知道心靈實在是何物。但可以肯定的是，比起沒有跟人類緊密生活的動物，貓狗的長年演化使牠們擁有更複雜的心理需要。因此，受到虐待和忽視時，貓狗實際感知到的傷害亦很可能更加嚴重。

我不多著墨於屠宰貓狗的暴力過程，因為即使沒有了虐殺，基於以上種種原因，我們還是不可能「合乎人道」地吃貓和吃狗。要為貓狗做到人道圈養和人道屠宰，即使可行，成本也必然很高，不是能賺錢的生意。而且，在現今社會，食用貓狗不免會傷害到很多人的情感，不只限於家裡有養貓狗的人。所以，即使能確保食用貓狗的貨源不是來自偷來或走失的寵物，並且真的能夠保障食用貓狗的福利，相信反對的聲音也不會停止。

---

1 亞洲動物基金：〈中國食用貓狗黑色產業鏈媒體報道統計匯編二〇〇一—二〇一五〉，二〇一五年六月。取自 https://www.animalsasia.org/assets/pdf/2015_FOF_reports-report2_A4-SC-20150609_low.pdf，二〇一七年二月二十四日擷取。

2 Deborah Cao, *Animals in China: Law and Society* (New York: The Palgrave Macmillan, 2015).

3 中國青年網：〈國內狗肉來源調查：多為盜搶　活狗死狗兩條線〉，二〇一五年一月十四日。取自 http://news.youth.cn/gn/201501/t20150114_6406507.htm，二〇一六年十二月一日擷取。

4 亞洲動物基金：〈食用貓狗現狀—食用貓狗調查報告〉。取自 https://www.animalsasia.org/cn/our-work/cat-and-dog-welfare/what-we-do/tackling-the-meat-trade/ 动物市场调查报告 .html，二〇一九年二月一日擷取。

5 同上。

6 （美）哈爾．賀佐格（Hal Herzog）著，彭紹怡譯：《為什麼狗是寵物？豬是食物？：人類與動物之間的道德難題》（台北：遠足文化，二〇一二年），頁一六一；Ashley Prichard, Peter F. Cook, Mark Spivak et al., "Awake fMRI Reveals Brain Regions for Novel Word Detection in Dogs", *Frontiers in Neuroscience*, Vol.12 No.737 (Oct, 2018), pp. 1-11.

Muppet（右圖）和 To Zhai（左圖）是中國狗肉市場中極少數能逃過屠刀的其中兩個幸運兒。Muppet 獲救時與另外大約八百隻狗一同身處正前往某狗肉市場的卡車上，而 To Zhai 則是直接從市場被救出。牠倆現已成為亞洲動物基金的親善大使，幫忙推廣貓狗是朋友而非食物的訊息。

相片由亞洲動物基金（Animals Asia）提供。

Chapter 10

如果我不是特別喜歡動物，動物的待遇又與我何干？

印度聖雄甘地（Gandhi）曾說過：「一個國家的道德進步與偉大程度，可用他們對待動物的方式來衡量。」等等……這是不是有點誇張了？吃肉和穿皮草在大部分地方都是合法的，我們有大魚大肉和觀看動物表演的自由——付得起錢便可。就算我不去關心農場、皮草工場和動物園的動物被怎樣對待，也沒人可以罵我或者控告我。很多人都不覺得有必要理會什麼動物福利或動物保護，只要被拿去吃和做成皮草的不是自己或朋友的寵物便好了。其他人對其他動物做什麼，不會影響到自己。關心動物只是動物愛好者的茶餘飯後活動，又怎會牽涉到國家的道德進步和偉大程度那麼嚴重？

事實上，保護動物或許真的具有重要的社會意義，與個人對動物的喜惡無關。人類本身雖然脆弱，無毛無爪無尖牙，但是能夠使用各種複雜工具和科技，這是其他動物沒有的絕對優勢。因此，在一般情況下面對人類刻意造成的傷害，處於弱勢的動物毫無反抗的可能，更不會為自己的苦況「發聲」。如果因為人類處於強者身份，所以我們便同意可以為了牟利而壓榨動物，這正正是在餵養人性的黑暗面。

在人類歷史中的所謂「文明化」，就是人為了建立社會，在其中合作互利，而決定一起努力強化人性中「文明」的思想和行為，並壓抑心底的「叢林法則」，即信奉弱肉強食、適者生存的世界觀和道德觀。不過，即使我們一直努力學習和平共處，學了數千年，還是不能把人性的黑暗面完全擺脱，因為「叢林法則」始終與「文明因子」一併烙印在我們的基因中。所以社會總不如大家渴望的和平，世上仍然有歧視、迫害、不公和駭人罪行。我們仍須每天三省吾身，遏制弱肉強食的野蠻思想，加強推己及人的文明意識。[1]

這一切與動物保護有何關係？社會中的「叢林法則」可以被遏制，也可以被激活——暴力行為就是一種激活劑。任何形式的暴力都會導致相應的社會後果——包括施於動物的暴力。把殘酷對待動物的行為合理化，便助長了社會中的「叢林法則」。當我們忽視和默許虐待動物的行為，變相等同允許有能力者隨意欺凌弱勢群體——弱肉可以強食。今天受害者是動物，明天就可能是其他弱勢的人群。這種風氣會一點一滴削弱人的道德觀念，要是一個社會以弱肉強食為常態，當中無人再相信弱者應受到某程度上的保障，人們各自按能力為所欲為，這樣的社會很快便會混亂不堪。所有虐待動物的行為——無論是個別事件，還是生產線中有系統式的虐畜——都會鼓吹不良風氣。

可有那麼嚴重？眾多研究發現，對人和對動物使用暴力的確有相互感染性，若常在社區或家庭目睹虐畜行為，會使人漸漸對暴力麻木，甚至增加對他人施暴的危機。[2] 暴力雖有多種表達形式，但它們的本質同出一轍：造成他者身體或心理上的痛苦。既然動物可以成為受害者，只要時機合適，施暴者也可能找他人甚至小孩作為加害對象。因此，家庭暴力和虐待兒童的事件往往不意外地伴隨虐待家中動物的行為一同發生。調查發現，有約七成曾被家暴的美國女性報告稱，其配偶也曾經虐待或殺死家中寵物，或曾威脅要這樣做。3 人際暴力與動物虐待之間的聯繫，在人類動物關係學中稱為「連結（the link）」。近十年內，不少針對「連結」的家庭支援項目開始成立，目的是教育社會工作者和動物護理人員，留意動物虐待和家庭暴力事件的聯繫，並要及時向當局舉報，例如在北卡羅來納州夏洛特的「夏洛特項目（The Charlotte Project）」。4

中國古代曾有孟母仉氏三遷的故事。其中一遷，便是孟子的母親眼見住近市集的兒子學起了商賈宰買豬羊之事，便決意遷家。當然，市集屠夫是因為工作需要而屠宰和出售動物，他們若然是手法俐落，也算不上是有意虐待動物。孟母可能是這樣認為：即使只是一個了結動物生命的地方，也不利於小孩子的心靈發展。5 現代的社會學家亦會同意這樣的看法，研究指出，發生在屠宰場內的暴力會產生溢出效應（spillover effect）。比起其他在人口統計學上相似的地區，建有屠宰場的地區的暴力犯罪率，一直維持於相對較高的水平。6 而如果小孩子模仿了成人傷害動物的行為，並習以為常，他們很可能在成年後也有更大機會牽涉於人際暴力事件中。7 雖說屠宰場在本質上並非出於仇恨而對動物施行暴力，但大部分屠宰場仍然是一個系統性地虐待動物的地方，它的影響也許不能忽視。

另一方面，有些人則認為我們不應該「太在乎」動物，因為這反而會妨礙我們對其他人的關心，變相不利於社會和諧。心理學家曾經嘗試驗證此說，他們卻發現，偏向不關心動物的人，竟也更偏向不關心他人。認為人與動物之間有巨大鴻溝的人，同時比較傾向把「非我」的其他人類群體視為像動物般的存在，進而對他們抱有偏見和歧視，並且否認他們的權利。而支持動物剝削的人，也傾向於贊同性別歧視和種族主義觀點，並會以我群優勢和人類至上等信念為不公和壓迫的制度辯護。[8] 對人類他者和動物的偏見傾向似乎是相互聯繫的，就此，學者提出了一個「跨物種偏見模型（Interspecies Model of Prejudice）」，來預測人際間的歧視行為。另一項關於「三種暗黑人格（Dark Triad）」——即自戀、馬基雅維利主義[9]和精神病態——的研究則發現，在「三種暗黑人格」評分中高居榜首的人，無論對他人和動物都傾向顯示出缺乏同情的態度和操縱欲，他們根本不會根據物種來區分受害者。[10]

至此大家或許會懷疑，好像也不是所有曾經虐待動物的人，都必然會成為傷人犯或者殺人犯吧？的確，虐待動物的人不一定都會去傷人，但是虐畜本身已是不妥。即使動物虐待不會轉化為人際暴力，但它本身也是犯罪行為。有些小孩可能曾對小動物做過一些不應該的事情，但那多半是出於孩童式的好奇心；而在懂事後仍刻意虐待動物的人，卻往往是因為清楚動物有感知，才更要去虐待牠們。刻意對有感知的生物造成不必要的痛苦和傷害，是心理扭曲和極度缺乏自控能力的表現。就算虐待動物者未曾有傷害他人，未必代表他們對人類有同理心，可能只是因為傷害人的風險比傷害動物高，例如，傷害動物的刑罰一般比傷人低，而且動物不會主動求助。但是，虐待動物者的性格問題和暴力傾向仍然是社會的無形威脅，他們不但應受到法律制裁，更需要接受適當的心理輔導。

又有人可能會問，說到底「叢林法則」不正正就是世界的運行方式嗎？勝者為王，為所欲為，我們又能如何？這個問題的答案並不重要——重要的是，我們希望生活在一個吹捧弱肉強食的社會嗎？希望在這種環境之下養育下一代嗎？能否確定自己永遠能做較強的一方，永遠能夠自保和保護自己所愛？萬一有一天，當自己不幸地由強者變成弱者的時候，還希望人們都以強凌弱、弱肉強食嗎？我們想把社會推向野蠻的方向，還是文明的方向呢？

我深信人類的同情心本來並不帶有物種主義。在人之初，我們都對其他生物充滿好奇，感覺能與其他生物的情感互通，建立純真的關係。致力於兒童發展理論的美國心理學先驅G．斯坦利．霍爾教授（G. Stanley Hall）說：「對於年幼的孩子來說，自己與動物的心靈之間並沒有差距。」[11] 創作兒童文學的人也非常了解小孩子對動物的自然親和力，所以兒童故事書會常常使用擬人化的動物角色為主角。曾有針對六至十八歲青少年的調查發現，兒童與動物建立強烈的情感關係時，通常會把動物視為獨立的主體，而七成以上的兒童認為可以以同等程度去愛動物和愛人。與成年人相比，兒童對大自然和野生動植物的興趣也更強。[12]我相信在人之初，性本好生，但同時正如歷史所證明的那樣，我們確實也可以被「教育」成只對某些群體具有同情心，而把其他群體排除在外。無論是壓制同情心哪一方面的展現，都會削弱人整體的同情心。我們的社會應該要鼓勵同情圈的擴展，而不是壓抑它。

當然，不是人人都喜歡動物，有些人更非常害怕動物——所有或者某種動物。對於一些人來說，動物更是一種滋擾。可是，討厭歸討厭，我們可以避開或遠離牠，或用一些人道和俐落的方式驅趕或除掉牠，而不必刻意折磨牠。指責動物「得罪」自己而仇恨牠們是荒謬的，因為如同幼兒和認知障礙人士一樣，動物在道德範疇中不是「懂事理者（moral agent）」，雖受道德規範所保護，卻不受道德規範所約束。「有罪」和「犯錯」等字眼在「不懂事理者」身上並不適用。[13]若一個嬰兒在我身上尿褲子，我不能罵她沒有禮貌，因為她並不懂事。同樣地，一隻狗在路上小解，我們也不能怪牠弄髒地方，責任在於狗主如何處理。

我們沒有義務去愛動物，愛不愛動物完全是閣下的事，不過我們有道德義務善待動物，不支持涉及虐待動物的活動、產品和服務。以筆者執筆的年代的主流道德觀來說，食用或使用動物是沒有錯的。理論上，只要為動物提供恰當照料，滿足其身心需要，並盡量令牠們的死亡快速而無痛，便可以合乎人道和仁道地取用動物。不過，真正做到「人道取用動物」的動物產品供應商仍未成為大多數，再加上肉食始終消耗更多的地球資源。考慮到現實情況，在飲食上我們首要的道德義務可能就是減少肉食。

最後，我想回應一下一種覺得認真討論動物倫理會令人「降格」的想法，它的邏輯是源於認為人類比動物高貴，動物不值得我們紆尊降貴去關心。其實，關心動物不但不會令人降格，反而是對人類良知的肯定，同情和關顧其他物種的生存狀態，是人類獨有的能力。古代中國提出「民胞物與」的北宋理學家張載亦認為，尊重和關愛動物並不會降低人格或損害人的尊嚴，反而這是人類道德發展的最高境界。因為愛近親和同類，連魚蟲鳥獸都會，但是能夠進而為他者和異類著想，才是人禽最明顯之別，以及人類應該引以為傲的原因。

透過關心動物的處境，我們學會尊重生命、愛護自然、關懷弱小，並且成為有同情心的人。對於善待動物的社會重要性，一位中國學者曾寫道：

↙ **「一個習慣於談論尊重動物尊嚴、保障動物福利的社會，往往都是一個置生命尊嚴為價值序**

列頂端的社會；一個習慣以人道對待禽獸的社會，通常少有以禽獸之道對待人的惡行。反之，一個寬容虐殺動物行為甚至對其津津樂道的社會，必然是一個容易漠視生命尊嚴的社會，即使這個社會裡積累的財富再多，它也依然遠離人類文明的高峰。」[14]

---

1 有些哲學流派會覺得這種論述虛偽，甚至壓抑了人性。但在我看來，要建立社會和換來安穩，人便需要有一點犧牲，而要求人發揮人性的光明面，控制黑暗面，並不算過份的要求。

2 Phil Arkow, *Breaking the Cycles of Violence: A Guide to Multi-Disciplinary Intervention. A Handbook for Child Protection, Domestic Violence and Animal Protection Agencies* (Alameda, CA: Latham Foundation, 2003); Frank R. Ascione, *Children and Animals: Exploring the Roots of Kindness and Cruelty* (West Lafayette, IN: Purdue University Press, 2005).

3 Frank R. Ascione, "Battered Women's Reports of Their Partners and Their Children's Cruelty to Animals", *Journal of Emotional Abuse*, Vol.1 No.1 (1998), pp. 199-233.

4 Dennis D. Long and Shanti J. Kulkarni, "Cross-reporting of Interpersonal Violence and Animal Cruelty: The Charlotte Project", *Journal of Sociology & Social Welfare*, Vol.40 No.4 (Dec, 2013), pp. 131-148.

5 莽萍：《物我相融的世界：中國人的信仰、生活與動物觀》（北京：中國政法大學出版社，二〇〇九年），頁一六〇。

6 Amy J. Fitzgerald, Linda Kalof, and Thomas Dietz, "Slaughterhouses and Increased Crime Rates: An Empirical Analysis of the Spillover from 'the Jungle' into the Surrounding Community", *Organization & Environment*, Vol.22 No.2 (Jun, 2009), pp. 158-184.

7 Brandy B. Henderson, *Childhood Animal Cruelty Methods and their Link to Adult Interpersonal Violence* [Master's thesis], (The University of Tennessee, Chattanooga, 2010); Frank R. Ascione, *The International Handbook of Animal Abuse and Cruelty: Theory, Research, and Application* (West Lafayette, IN: Purdue University Press, 2008).

8 Kristof Dhont, Gordon Hodson, Ana C. Leite et al., "The

Psychology of Speciesism", In Kristof Dhont and Gordon Hodson (eds.), *Why We Love and Exploit Animals: Bridging Insights from Academia and Advocacy* (Routledge, 2019), pp. 29-49.

9 馬基雅維利主義（Machiavellianism）是人格心理學中一個概念，指在處理人際關係時，會為求目的不擇手段，包括利用他人，並且摒棄道德規範和傾向待人冷淡。

10 Phillip S. Kavanagh, Tania D. Signal, and Nik Taylor, "The Dark Triad and Animal Cruelty: Dark Personalities, Dark Attitudes, and Dark Behaviors"; *Personality and Individual Differences*, Vol.55 No.6 (Oct, 2013), pp. 666-670.

11 G. Stanley Hall, *Adolescence: Its Psychology and its Relations to Physiology, Anthropology, Sociology, Sex, Crime, Religion and Education, Vol. 2.* (New York: D. Appleton & Company, 1904), p. 221.

12 Miriam O. Westervelt, "A Provocative Look at Young People's Perceptions of Animals", *Children's Environmental Quarterly*, Vol.1 No.3 (Fall, 1984), pp. 4-7.

13 Tom Regan, *The Case for Animal Rights* (Berkeley: University of California Press, 1983).

14 譚家寶：〈對動物福利進行立法的幾點思考〉，《醫學與法學》，二〇一二年六期，頁六十二至六十四。

Chapter 11

動物福利議題牽涉很多政治和經濟因素，它還有道德意義嗎？

如同世界上所有其他的國際議題，動物保護牽涉甚廣。農場動物福利牽涉龐大的養殖業和整個肉品供應鏈，實驗動物福利牽涉教學和科研機構以及醫學和化妝品產業，娛樂動物福利牽涉樂園背後的大財團和城市康樂設施規劃，皮毛動物福利牽涉皮草和皮革業以及它們的富裕消費者……牽扯如此廣泛的議題，當中涉及的利害關係便更是錯綜複雜。這也是為什麼動物福利立法有時候如此困難重重。

誠然，有時候「動物福利」甚至會成為某些發達地區阻礙其他地區發展的棋子。以工廠化農業為例，發達國家這時已經從中賺過一些利潤，而發展中國家才剛開始採取這種做法不久，希望為人民帶來更多更便宜的肉食品，現在大家卻說要摒棄工廠農場了。這不是偽君子所為嗎？自己過了橋，就開始禁止後面的人過去，說這座橋應該被燒毀。我甚至相信，很多時候當一個國家譴責另一個國家的動物福利情況和立法方面的缺陷時，這種批評八成是出於政治動機，只有兩成或更少是由於真正關心生活在那個國家的動物。

可是，地球並非天堂。如果動物福利有時候必須借助政客和商界的支持和幫助去推動，我不會因此而高興，但也不因此而難過。這是社會現實。我們希望人類是因為不斷在道德上有所覺悟，所以世界變得越來越文明和友善。但如果我們讀歷史，也會看到很多善意的倡議和改革，像廢除奴隸制度、關注環保和女性權益等等，背後的成功並不全是由於大家真心向善，希望人類進步那麼簡單，卻混雜了政治、經濟和新科技等外在因素去推動。水能載舟，亦能覆舟，就看我們怎樣利用這水。堅持不沾水的人，只恐怕一輩子都難以到達對岸。

無論大家是否贊同以上觀點，都應該謹記，在所有這些人類的政治問題之中，動物完全無辜。動物不分國籍，也沒有政治取向，牠們只是因為剛好出生於某地方，有時候不幸地淪為了各國或各財團之間的鬥爭棋子。但這不是動物的錯，也不代表牠們所受的痛苦便不需得到重視。國家甲可能為了保障國產化妝品的銷量，才以反對動物實驗為理由，拒絕進口國家乙的化妝品，這並不等於國家乙應該繼續進行殘酷、多餘的動物實驗；國家丙可能為了損害國家丁的國際形象，才譴責國家丁捕獵並殘殺鯨魚的行為，也不等於國家丁便應保留殘忍又不環保的捕鯨活動。同樣地，有些品牌雖然標榜不使用動物成份和不進行動物實驗，它的創辦人和員工卻不一定是出於愛護動物才採用這發展方向，可能只是因為他們意識到，越來越多消費者關心動物福利，動物友善的產品會更暢銷。這實在亦無傷大雅，因為無論此舉的動機是什麼，的確也救了為數不少的動物。事實上，我們應該樂見各國互相監察，各個商家互相競爭，這樣他們會更有動力去進步，人民和消費者也會更注意到動物的待遇。這對於全人類的道德演化進程來說，也許是一件美事。

至於工廠化農業這座橋，實在也是一座危橋，它已經造成了嚴重的衛生、環境和道德問題，是必須被燒毀的。所有本就不該建造的橋都應毀掉。不過，發達國家在倡議廢除工廠化農業的同時，也有責任與各界各地分享相關農業的研究結果和技術，協助發展中的國家和地區轉型到更人道、更衛生、有效率並可持續發展的農業方式。例如，聯合國糧食及農業組織旗下的農場動物福利之門（Gateway to Farm Animal Welfare）的網站便已開展了這方面的工作。[1] 同時，正如中國學者呂航所言，即使一個國家處於經濟發展時期，但是公共倫理道德建設也不容忽視。[2] 打個比方，我相信也希望，沒有人會贊同在兒童死亡率偏高的貧困地區，便不需要立法保護女性不受強姦，或強迫受害女性不能墮胎。有些道德底線是不應隨意跨越的。

宏觀來說，動物福利的確是錯綜複雜的國際議題，涉及很多與倫理道德無關的因素。不過，我還是首先視它為一個個人的道德議題。一個人決定如何看待動物，取決於自己的道德價值取向，反映自己對待生命和大自然的態度，以及自己嚮往一個怎樣的社會。「這帶有政治動機」、「這只是商業策略」等等，都不是合理藉口去無視虐待動物的罪行或者反對推進動物福利的政策。上億動物正在承受的痛苦是真實的，而這龐大的痛苦是由人類共同造成。對此，動物產品的生產者和消費者都有能力和責任作出改變。

這些綿羊是一宗虐待動物個案的受害者，個案曝光後本來要被人道毀滅，涉事前養主為避免更多的法律責任，主動把牠們交給 Hugletts Wood。前養主把綿羊圈養在沒有足夠草陂和遮擋物的山坡上，日曬雨淋。所有綿羊到達時已年紀老邁且健康狀況惡劣，有的被狗咬傷仍未癒合，有的甚至患有器官脫垂。儘管經過獸醫治療，情況最惡劣的兩隻羊仍在一周內不幸病逝。其餘的倖存綿羊則在 Hugletts Wood 開始牠們的康復旅程，享受餘下的生命時光。

左頁右圖是現在的 Safia Bell，身上仍有被咬傷的疤痕，卻無礙牠享受「羊」生。左頁左圖則是現在的 Laskarina Boubalina，以十八世紀一位著名希臘女海軍指揮官命名，個性鮮明的牠「羊」如其名。

相片由英國東薩塞克斯農場動物庇護所 Hugletts Wood 提供。

1 Food and Agriculture Organization (FAO), “Gateway to Farm Animal Welfare” . From http://www.fao.org/ag/againfo/themes/animal-welfare/en/, retrieved 6-10-2018.

2 呂航：〈我國動物福利立法現狀及發展〉，《法制與社會》，二〇一四年三十五期，頁二四一至二四八。

Chapter 12

有這麼多人在受苦，為何還要顧及動物？

世上的確有許多「人類問題」仍需要解決，但我們不能不同時顧及動物。在這小星球上，人類和動物關係密切，福祉相互緊扣，根本不存在獨立分明的人類問題或者動物問題。為什麼動物保護思潮會在二十一世紀在全球廣泛抬頭？主要原因不是因為人們的道德觀突然大躍進，而更是因為現代產業系統式虐待動物所造成的後果漸漸浮現，開始損害人類的利益。人與動物的確不是處於你死我活的關係，而是唇齒相依，唇亡則齒寒。

在商家的故事版本中，人類和動物身處一個零和遊戲之中：要不是你們（動物）要受苦，就是我們（人類）要受苦。譬如說，如果不採用工廠化養殖方式，就沒有足夠的食物來養活日益膨脹的人口。如果不使用動物去測試個人護理品，便會危及產品安全。商家知道大眾不是完全對動物無情，只有令人覺得傷害動物是無可避免，消費者才會自願關閉同情心，繼續使用他們的產品和服務。然而，只要稍微調查一下現實情況，這套謊言便原形畢露。事實上，動物受苦非但不是發展中無可避免的副產品，動物福利和人類福祉更是可以並存，兩者環環相扣。要是牠們受苦，我們也會受苦。

一、密集式養殖法與抗生素濫用

工廠化的密集養殖模式使農場動物更容易生病，疾病亦更容易廣泛傳播。惡劣的飼養模式不僅對動物有害，更與人類福祉有關。瘋牛症、非典型肺炎、禽流感和豬鏈球菌等都是農場動物生活條件差所引起的人畜共患病的例子。[1] 工廠農場經營者當然也不樂見自己的生財工具生病，為了預防疾病爆發，他們會給動物餵食和注射各種抗生素和獸醫藥物。消費者在吃肉時，也會間接品嚐了這些農用化學物。抗生素是對於治療人和動物疾病非常有效的藥物——本來是。不過，由於工廠式農場大量應用抗生素，使吃肉者（即大多數人）通過進食工廠農場飼養的動物而定期地每餐攝入少量抗生素，因此許多細菌性病原體已經對抗生素產生了抗藥性。當傳染病不幸爆發時，抗生素在治療患者和挽救生命方面的有效程度將大打折扣。[2]

二、公共衛生政策與疫病防治

以往公共衛生政策僅僅專注於人類的健康和人類居所的衛生條件，這種策略卻反而危及到人類。據估計，在過去十年影響人類的新興傳染病之中，多達四分之三是來源自非人動物身上的病原體。[3] 從生物學角度來講，由於人類也是動物的一員，因此疾病在人類與其他非人動物之間相互傳播毫不意外。公共衛生不能不考慮生活在人類社會中的動物的健康和牠們的生活條件。在一個如此相互交織的環境中，僅將注意力集中在人類福利之上是不明智的。正如世界動物保護協會駐中國首席代表趙中華所言，保障動物福利也是在保障人類健康，動物福利的改善可以大大減少人畜共患病的發生。[4]

三、動物實驗與藥品安全

據統計資料，在通過了動物實驗的藥品當中，便有高達百分之九十六仍然沒法通過其他安全測試而不能進入市場。[5] 這說明動物實驗根本無法為人類健康安全把關。有神經學及預防醫學學家指出，由於實驗動物經常處於壓力和受驚狀態，行為和生理反應常會出現異常，難以為實驗提供穩定數據。[6] 眾多有關實驗動物生理和行為狀況的研究亦支持此説。[7] 錯信動物實驗結果，更可能對人釀成重大傷害。在二〇〇六年，已通過動物實驗的免疫調節藥物 TGN 1412，在後期的人類試驗中造成了六名自願參與者嚴重器官衰竭。雖然該藥物可以治療老鼠、兔子、猴子和猿，它卻對人類的免疫系統有完全相反的作用。[8]
另一方面，動物實驗亦可能錯誤地篩掉有效藥物，阻礙病患及早得到治療。如果根據動物實驗的結果，那今天有效治療乳癌的他莫昔芬（Tamoxifen）[9]、治療慢性骨髓性白血病的伊馬替尼（Gleevec）[10] 以及預防器官移植排斥的免疫抑制劑環孢菌素（Cyclosporine）[11]，都會因為對多種非人動物有害而對人類有效，而被誤判為無效藥物甚至毒藥。意識到動物實驗的潛在危險性，科學家已不斷致力開發更可靠的替代方法，例如仿人體組織和器官的研發和應用、3D 器官打印技術、利用電腦建構人體以及研究人體毒理機制的人類毒素基因組項目（Human Toxome Project）。這些替代方法不但能使每年上億動物免受酷刑，而且由於它們直接以人體生理為模型，更優勝於動物實驗。

四、肉食與糧食危機

我們所食用的肉品從動物身上而來，而動物也需要食物才能生長。全球每年有多達十三億噸的穀物被用作農場動物飼料。[12] 動物吃植物這個能量轉化過程並非一換一，養成每隻動物都需要大量的飼料。例如，十公斤以上的植物飼料，才足夠轉化成一公斤的牛肉。[13] 人們對肉食的需求龐大，因此世上有約一半可耕土地都被用來支撐動物農業。[14] 如果用這些農田種植直接供人食用的農作物，那麼地球其實可以為全世界人口提供溫飽有餘。[15] 過量的肉食不但是低效的資源利用，工廠農場模式的引入更導致地區穀物價格上漲，令貧窮人口不但吃不起肉，更連蔬果也難以負擔。[16]

現代人在處理與自然有關的事宜的時候，普遍以人類中心主義為主要方針。不過，在大自然面前，人類中心主義其實就像「地心說」一樣靠不住。以前的人類以為地球是宇宙的中心，現在的人類也以為人是自然界的中心。可是，我們可以看到人類中心主義可比「地心說」帶來的禍害更大。

中國古代先賢常講「天人合一」的觀念，人與自然密切相關，如果人不能和大自然和睦相處，所種下的惡果當然終由人類分食。現在的情況就像是我們傷害動物傷害得太過份了，大自然開始替動物向人類報復。現代人不想公平地對待動物，以為擁有了所有這些科技以及獸醫藥和抗生素，便可以單向地對動物予取予求，不用誠實地滿足牠們的需要。我們以為自己已經能夠控制大自然，我們的信仰從「天人合一」變成了「人定勝天」。現在，我們和我們的後代都必須為這狂妄自大付出代價。近年，保護地球和其他生物的意識的確有所提高，但願這些遲來的補救，可以平息已被惹怒的大自然。

我們很容易會誤以為只要榨取動物資源，大量生產動物製品，便可改善各地窮困人口的生活。可惜，貧困問題由許多因素造成，人性的貪婪和隨之而來的財富資源分配不均是當中的主因。動物再多再大的犧牲，也不能改善人類的情況。反而，動物製品產業越強大，越多土地和水資源便會被消耗，地球上的糧食資源也更加短缺。密集式的工廠化農業唯一幫到人類的地方，就是暫時令企業背後的一小撮商家更富有——只是「暫時」，因為工廠化農業並不可持續發展。相反，如果大家一起作出改變，降低對肉品的需求，那麼原來拿去製作畜牧業飼料的農作物和背後的資源也可以大量省下，直接為人類供應糧食，養活更多人口。

其實，此章的標題是一個帶有誤導性的問題，把人類與動物的福祉放在必然相沖的對立面上。同樣模式的誤導性問題，我可以再舉三個例子：

↙街上仍然有要撿紙皮為生的窮人，為什麼我們還要花精神搞綠化城市，講保護環境？

↙社會上仍然有一些遭受家暴的女性，為什麼我們還要花時間談論職場女性的待遇？

↙世上仍然有些兒童連乾淨的飲用水都沒有，為什麼我們還要花資源為山區兒童建學校？

事實上，這些所謂兩難的兩端都是我們需要解決的問題，不能兩選一，兩者都必須有人去做。有人可能喜歡到安老院服務老人家和探訪獨居老人。難道旁人可以指摘說，小孩子是未來社會棟樑，為何幫助老人而不幫助貧困家庭的小孩和孤兒？這個人可能比較關心老人福利，亦比較擅長與老人溝通，所以他便去做，卻無關老人和小孩的生命誰比誰更有價值。各人應該做自己最有能力、最擅長、最有信心、最有熱誠去做的事情。孫中山先生沒有致力於研發再生能源，印度聖雄甘地沒有致力研究如何根治癌症，物理奇才霍金沒有致力於扶貧。以上的各人卻都以自己最擅長、最熱衷的方式服務了自己的國家和世界。各展其長才是改善世界最有效的方式。

在利益相互交織的人和動物之間，更不存在兩選一。助人和愛物兩方面的工作都是需要的，而且相輔相成。善待動物的文化可以促進社會和諧，培養人的品德。不僅如此，在改善動物待遇和減少使用動物的同時，我們也會得到更安全的產品，更多可作為人類糧食的農產品，更清淨的環境和良心。

時間和金錢都是有限，不過同情心可以無限。我們可以關心被虐待的動物，也可以同時關心老人和婦孺。兩種同情心沒有抵觸，毋須二選一。同情心是人之皆有的情緒感受，不會區分正在受痛苦的是人還是動物，我們「見鳥獸之哀鳴觳觫，必有不忍之心」，亦是人之常情。[17] 當被問及為何要照顧流浪貓狗而不把金錢送給乞丐，一位北京的志願者張呂萍女士這樣回答：「我覺得善心沒有排序，首先牠們除了不會說話，（但牠們）可以和人交流，可以給人帶來快樂。牠懂得疼痛，牠很乖，我沒有理由當牠走進我的生活或者牠需要我保護的時候我走開，我走不開。」[18]

誠然，各人的時間和金錢是有限的資源。舉例說，如果有五十元，應該捐予幫助人的慈善機構，還是動物慈善機構呢？如果有半天空閒，應該參與哪邊的志願工作呢？首先，我的看法仍然是聽從你自己的內心，因為善舉只有在真心去做的時候才有意義和有效。你心繫哪個群體，就去服務哪個群體。其次，這實在也是一個偽兩難題。誰說善待動物等於要捐款和做志願者？要實行善待動物，其實只需要稍為改變生活和購物的習慣。關心動物不等於要去動物慈善機構做多少小時的義工服務，或者捐多少錢。更能幫助動物的是，不再做直接或間接傷害牠們的事。無為勝有為。

例如，我們要成為理性消費者，養成買東西前查看產品說明的習慣，選擇不涉及虐待動物和剝削工人的產品。如果你認同用兔子的眼睛進行產品刺激性實驗是過於殘忍[19]，你不想家裡的個人護理品沾上殘酷，那麼可以選擇購買不使用動物測試的產品。現在這種叫「零殘忍」或「無傷害」（cruelty-free）的產品越來越普及，貴廉皆有，任君選擇。這些良心企業使用比動物實驗更可靠的替代方法測試產品，例如電腦模擬技術和由人類皮膚細胞研發的可重組皮膚模型等等。與此同時，購買進口產品時，也盡量不要支持剝削工人和營運「血汗工場」的企業。

無論這一刻大家有否想過成為素食者，也可以嘗試減少吃肉和動物產品，一來是為了健康，二來為了地球，三來也不要忘記動物產品在生產過程中，消耗了很多本來可以養活更多人的農作物和食水。要吃肉、蛋、奶的時候，可以盡量選擇有機或自由放養農場的產品。養成把任何東西放入購物籃前，看一看產品標籤的好習慣。而如果大家也不支持囚禁野生動物和強迫動物表演，可以不再去動物園和馬戲表演。

善待動物的要旨在於良心消費，而良心消費就是張開眼睛看清楚自己付錢購買的產品和服務背後，有否剝削他人或動物。這些生活上的小改變，也許比起捐錢給動物慈善機構有用多了！（這樣説會被動物慈善機構投訴嗎？）與其傷害動物後，花時間金錢做補救工作，何不直接減少傷害，這才治本。大家可能不相信上述的小改變能帶來實際影響，但真正持久的改變都是從很多的「每一個人」開始，而且我們的行為亦會感染身邊的人。大多數人都無意對動物殘忍，他們只是不知情。

對動物友善的社會是一個人與動物雙贏的社會，世界也正慢慢向這個方向邁進。以後聽到有人提出「還有人受苦，為何理會動物」的問題，除了給他們解釋以外，我們也可以順勢鼓勵他們去做一些真正幫助受苦人群的事情。就如著名哲學家、動物權益活動家彼得．辛格（Peter Singer）所説：「以人為先的主張，通常是被用作不幫助非人動物但同時也不幫助人的藉口，而不是真的在兩難選項中作出的選擇。」[20] 這個世界實在需要更多熱心人，無論選擇幫助人、幫助動物還是改善環境，都是好事。「莫以善小而不為」，只要是行善，便能改善世界。世界需要有人做扶貧工作，需要有人到山區建學校，需要有人投身科研，需要有人關注女性權益，也需要有人推動動物保護。忙於改善世界的人，不會有閒情逸志來質疑他人範疇的工作。

1 譚家寶：〈對動物福利進行立法的幾點思考〉，《醫學與法學》，二〇一二年六期，頁六十一至六十四。

2 Bilal Aslam, Wei Wang, Muhammad Imran Arshad et al., "Antibiotic Resistance: A Rundown of a Global Crisis", *Infection and Drug Resistance*, Vol.11 (Oct, 2018), pp. 1645-1658.

3 Paul Waldau, *Animal Rights: What Everyone Needs To Know* (New York: Oxford University Press, 2010), p. 120.

4 方青：〈「農場動物福利促進獎」探索農場動物人道養殖模式〉，《中國網》，二〇一四年十月二十七日。取自 http://www.dongbaowang.org/simple/?t21651.html，二〇一八年五月二十五日擷取。

5 J. J. Pippin, "Animal Research in Medical Sciences: Seeking a Convergence of Science, Medicine, and Animal law", *South Texas Law Review*, Vol.54 (2013), pp. 469-511.

6 Aysha Akhtar, "The Flaws and Human Harms of Animal Experimentation", *Cambridge Quarterly of Healthcare Ethics*, Vol.24 No.4 (2015), pp. 407-419.

7 Ann Baldwin and Marc Bekoff, "Too Stressed to Work", *New Scientist*, Vol.194 No.2606 (2007), pp. 24; Lisa A. Kramer and Ray Greek, "Human Stakeholders and the Use of Animals in Drug Development", *Business and Society Review*, Vol.123 No.1 (Spring, 2018), pp. 3-58.

8 Arthur Allen, "Of Mice and Men: The Problems with Animal Testing", *Slate* (Jun 1, 2006). From http://www.slate.com/articles/health_and_science/medical_examiner/2006/06/of_mice_or_men.html, retrieved 4-2-2019.

9 "Follow the Yellow Brick Road" (Editorial), *Nature Reviews Drug Discovery*, Vol. 2 (Mar, 2003), p. 167.

10 同註5。

11 Ray Greek and Jean Greek, "Animal Research and Human Disease", *Journal of the American Medical Association*, Vol. 283 No.6 (Feb, 2000), pp. 743-744.

12 Bryan Walsh, "The Triple Whopper Environmental Impact of Global Meat Production", *TIME* (Dec 16, 2013). From https://science.time.com/2013/12/16/the-triple-whopper-environmental-impact-of-global-meat-production/, retrieved 30-10-2020.

13 Beef Research, "How Much Water Is Used To Make A Pound Of Beef?" (Feb, 2019). From http://www.beefresearch.ca/blog/cattle-feed-water-use/, retrieved 10-4-2020.

14 Pete Smith, Mercedes Bustamante, Hehal Ahammad et al., "Agriculture, Forestry and Other Land Use (AFOLU)", In O. Edenhofer, R. Pichs-Madruga, and Y. Sokona et al. (eds.), *Climate Change 2014: Mitigation of Climate Change. Contribution of Working Group III to the Fifth Assessment Report of the Intergovernmental Panel on Climate Change* (Cambridge and New York: Cambridge University Press, 2014), pp. 811-922.

15 Christian Nellemann, Monika MacDevette, and Ton Manders (eds), *The Environmental Food Crisis – The Environment's Role in Averting Future Food Crises. A UNEP Rapid Response Assessment,* United Nations Environment Programme (Norway: GRID-Arendal, 2009), p. 27; Kerry Walters, *Vegetarianism: A Guide for the Perplexed* (New York: Continuum, 2012), p. 152.

16 Miyun Park and Peter Singer, "The Globalization of Animal Welfare", *Foreign Affairs*, Vol.91 No.2 (2012), pp. 122-133.

17 《王陽明全集・悟真錄之七・續編一》

18 中央電視台（CCTV）:〈動物福利〉,《央視國際》,二〇〇六年四月十九日。取自 http://www.cctv.com/news/special/C15587/20060419/101264.shtml,二〇一七年五月六日擷取。

19 有興趣讀者可搜索「德萊茲測試（Draize test）」。

20 Peter Singer, *Animal Liberation: The Definitive Classic of the Animal Movement Updated Edition* (New York: HarperCollins Publishers, 2009), p. 220.

Chapter 13

應該為了善待動物而捨棄某些傳統活動嗎？

在人類文化中，傳統是一件有趣的事情。它可以說是虛無飄渺的，卻又對於我們的生活經驗非常重要。之所以說傳統是虛無，因為它總是會隨著時間流逝和世代更替而變化，而其意義亦完全是由人們所共同定義才得以存在。再者，不同社群中的人也可以有著迥然不同的傳統——即使是在同一地方或國家裡。各種傳統百花齊放，沒有一個標準答案。

不過，在人類的社會生活中，虛無飄渺的傳統佔了一席貴賓位。我們為傳統節日設立公共假期，讓大家放下日常工作來慶祝或者紀念。我們樂意為傳統儀式花費（大量）金錢和時間，所以即使在現代人的婚禮和喪禮中，仍然會包括一些可能所費不菲或耗時的傳統元素。我們願意壓抑自己的欲望去追隨傳統，很多本身更喜歡料理家務、照顧小孩的男性，為了遵從傳統的性別角色，還是會硬著頭皮進入職場。我們甚至可能會因傳統之名而傷害自己，例如為了符合傳統對「美」的觀念而穿上影響呼吸和壓迫內臟的緊身束衣（古代版）和過度節食（現代版），又或者傷害親人，例如打碎年幼女兒的腳骨（古代版）和以「男大當婚，女大當嫁」之說左右兒女的人生選擇（現代版）。不過，無論對錯好壞，傳統一直是人類的精神食糧和依靠。在實踐傳統時，人們對其文化產生一種歸屬感和社群意識，讓人感覺良好。

傳統既稱為「傳統」，必然是由前人所流傳下來。無庸置疑，傳統需要得到承傳，但亦要去蕪存菁。來自過去的事物，若然照單全收是不智的，傳統思想不一定全都仍能符合當代普羅大眾接受的道德，並有益於當代社會。從來，傳統所推崇的不一定就是道德高尚的行為，而傳統觀念所反對的亦不一定就是不道德。譬如說，女性不需要接受高等教育，應該深閨家中，此想法曾經是東方和西方文化均持有的主流觀念。可是，文化如此，是否就等於限制女性的個人發展是合乎道德？以前的婦女是真心不想表達自我，不想接受教育，抑或是社會大環境要求她們順從這種生活方式？另外，人很容易會以自己的一套傳統觀念為唯一處世標準，把其他人的做法行為和思想信念定義為落後、愚蠢或怪異。又例如，西方的傳統文化中普遍沒有吃昆蟲的習慣，是否等於吃蟲就是比吃其他動物更野蠻、更不高尚的行為？然而，現在不少科學家卻也開始提倡吃蟲，甚至宣傳它的好處。所以，傳統思想很容易影響人的道德觀和價值取向，但想深一層，一成不變則一事無成，讓固有思想和舊有做法去主導道德行為，不如以自己的同理心、良知和理性去作判斷更恰當。

我相信讀者們不是「食人族」的一分子，但在世上某些地方，的確存在吃人甚至吃屍的傳統文化。**1** 這些原始部落應該停止這種行為嗎？有些人或許覺得，由著他們啊，為什麼要干涉別人的事？不過，如果吃人和吃屍的人有高風險會患上致命疾病，危害整個社群的健康呢？**2** 這時，我們是否有道德責任去警告和阻止那些人？

另一邊廂，如果有些傳統活動會影響社會整體的心理健康，是否也應該被停止？如果有些傳統活動會影響社會風氣，令人變得麻木不仁，是否也應該被停止？以長矛挑釁並刺死公牛方休的鬥牛表演（西班牙鬥牛表演）、用公牛撞死馬匹的表演（墨西哥的 torneo de lazo）、刀劈活豬後以錢鈔沾血的儀式（越南北寧省的「開春慶典」）、經常造成狗隻骨折甚至死亡的賭博比賽（有近九十年歷史的澳門賽狗活動，在二〇一八年已停辦）、以粗劣手法殘殺貓狗的貓狗集中營（玉林狗肉節）等所謂傳統文化活動，都很值得我們反思。

動物的生理和心理需要有多受人們重視，會因各地域和文化而異。不過，動物本身的需要只隨物種而異，不因所身處的文化而有所改變。生物學上的事實在每種文化中都不會變。一個女性的身體，不會因為是生在民國時期以前的中國，便特別適合纏足，或者生在維多利亞時期的歐洲，而特別適合穿緊身束衣。同一道理，身處不同文化地區和時代的動物，同樣趨生懼死，同樣可以感知苦樂。鬥牛場內的公牛，並沒有更高強的耐痛能力；被迫在高危環境日復日賽跑的狗兒，與某人家中的愛犬一樣，也擁有豐富的情感需要。

傳統和文化不是殘忍行為的擋箭牌。在承認動物身心需要的前提下，我們才能談尊重文化差異。基於動物是有感知的資源，我們的原則應該是只有在動物得到合適良好的照顧，不需要承受可避免的痛苦和不適的情況下，才使用牠們作為食物或娛樂。哪怕這些食物和娛樂有所謂的傳統價值，在良知面前，傳統應當讓路。

其實，有大部分所謂「殘忍」的傳統活動，都是被誤解的。這些活動的目的，從來都不是要宣揚虐待動物，而是想透過人與動物，或者動物彼此間的互動，來表揚勇敢、堅強的精神。古時人類的生活遠遠沒有現代人這般安全，今天我們安坐家中時，不會擔心被老虎吃掉。可是，猛獸曾經是古人要日夜提防的敵人。只有強壯、勇敢對抗捕食者的人才能解救家人和族群於虎口。這樣的勇者，自然會受到表揚。他們對抗大自然的勇氣，會受到世代讚頌。不少涉及虐畜的傳統活動都在反映人想征服自然的生存渴望。

既然那些傳統活動背後是旨在宣揚勇氣和求生的毅力，當中涉及的虐畜成分是否可以加以修改？在現今世代下，傷害動物不再需要什麼勇氣。現代人要整治動物有太多辦法了，在大部分的已發展地區，「猛獸」早已不是一般百姓的威脅，反而人類活動才是威脅著動物的生存空間。因此，在現代文明社會中，令動物受不必要傷害的活動，實在只是在欺負弱小，難以再用來表揚勇者精神。反之，對殘酷的傳統提出反思才是現今的勇敢之舉。

1 Paul Rafaele, "Sleeping with Cannibals" , *Smithsonian Magazine* (Sept 2006). From https://www.smithsonianmag.com/travel/sleeping-with-cannibals-128958913/, retrieved 25-3-2019; Joel Robbins, "Properties of Nature, Properties of Culture: Ownership, Recognition, and the Politics of Nature in a Papua New Guinea Society" , In Aletta Biersack and James Greenberg (eds.), *Reimagining Political Ecology* (Duke University Press, 2006), pp. 176-177.

2 Shirley Lindenbaum, "Understanding Kuru: The Contribution of Anthropology and Medicine" , *Philosophical Transactions of the Royal Society B: Biological Sciences*, Vol.363 No.1510 (Nov, 2008), pp. 3715-3720.

和許多賽用狗隻一樣，賽狗生涯令澳洲格力犬 Hazel（前名為「飛快大勝」）和 Chill（前名為「大沙頂」）（左頁）落下病根。在澳門逸園賽狗場結業後，透過澳門愛護動物協會的介入和幫助，牠們都分別在美國費城和澳洲找到了願意照顧牠們終老的家庭。

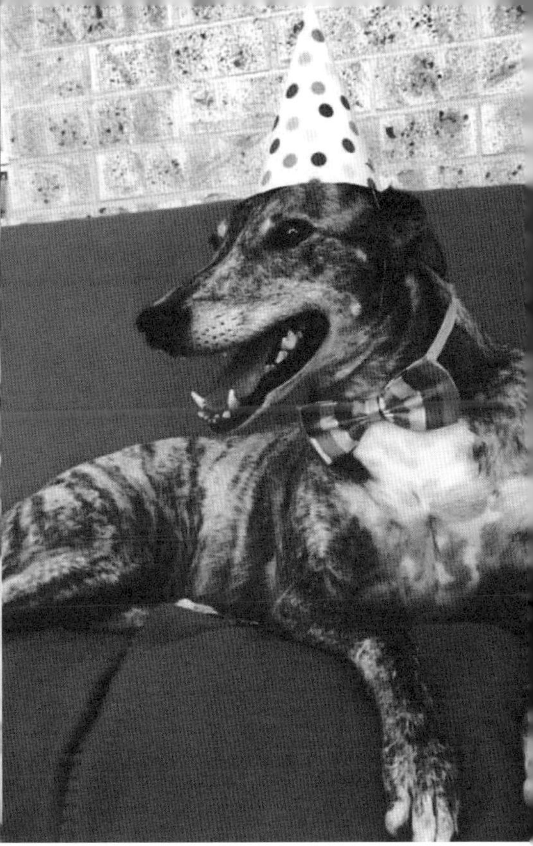

相片由澳門愛護動物協會（Anima Macau）和協會前主席馬浩賓博士（Dr. Albano Martins）提供。

Chapter 14

傳統中華文化思想支持愛護動物嗎？

我決定在此書中特別添加本章，因為我自己以及此書大部分讀者很可能都是中華文化的「傳人」。我相信大部分人和我一樣，會對自身文化特別好奇。我們不一定也不需要對自身文化的思想照單全收，不過了解自身文化，亦有助了解自己和身處的社會。而對於其他讀者而言，中華文化中的愛物思想也是一個極少被提及卻十分有意思的議題。

人的思想和觀念隨時代改變，因此對傳統文化的解讀也會有所改變，實屬正常。諸如「ＸＸ文化支持ＹＹ嗎？」的問題不好回答。某「傳統」文化對某事物的看法，同時也受「當代」文化對這事物的看法所影響。古典智慧是一座包羅萬有的寶藏山，只是，人類需要一步步成長成熟，才能從中看到更多。我們能夠在當中注意到什麼事物，很大程度取決於——並且受限於——當代的主流思想和道德理解。而一些基本的道德元素例如同情心，無疑是跨文化的現象，在中華文化中亦佔一大席位，只是每個時代對各種美德的側重點可能會有所不同。

傳統上，華人文化和整個東方文化都非常熱愛大自然，愛到一個點，幾乎成為了西方學者對東方哲學的刻板印象。但當代華人給世界的印象並不怎樣愛護動物，說到「華人」和「動物」，可能人們聯想到的是「吃狗肉」和「背朝天的什麼都吃」。上世紀的中國社會曾經發生巨變。在這段時期，為了經濟發展和解決生存危機，人們集體說服自己人定勝天，剝削大自然是正確的，愛護自然——尤其是動物——不屬於道德責任之一。就連華人自己亦不一定記得自己是一個愛物文化的後裔，莫怪世界不知。如今社會穩定下來，人們生活變好，不再以「你死我活」的眼光看待世界和自然，動物保護的觀念重新有了萌芽的空間。各地不少華人動物保護工作者開始轉向豐富的文化傳統，發掘愛護動物的基礎，以求喚醒社會一度被埋沒了的愛物情感。

在中華文化經典中，我們都熟悉關於孝、忠誠、愛親人、勤奮好學和守禮等教導。不過，一般人未必知道，傳統經典中也有許多描述動物以及關於善待動物的文句、寓言和故事。

一、儒家

儒家文化塑造了整個華人傳統文化的基調，更同時流傳到鄰近其他東亞地區，在東方哲學中佔極其重要的位置。說到愛護動物的思想，儒家可能是最為人所誤解。儒家「重人輕物」人所皆知，有些人認為這就是現今中國人不太愛護大自然和善待動物的原因。然而這是大錯特錯的。儒家所言的「輕」，並不是輕視、輕蔑的意思，而只是兩者相比較為輕。而且，古代中國人比今人更愛護自然，儒家早早便教大家以時伐木，以時狩獵，又怎會是教唆今人破壞大自然的罪魁禍首？

儒家的創始人孔子的確沒有直接宣揚過愛護動物，大部分都是由他的學生和後儒所發展出來。不過，孔子的學說中無疑蘊含了愛物的基礎，才會啟發了孟子和其他後儒的愛物思想。事實上，孔子本人一生中，有意無意間保護了許多動物免於死亡。孔子是一個少肉主義者，這一點非常明顯，卻很少有人提及。《論語》中多次有所提及孔子對肉食的態度，他曾教訓道：「肉雖多，不使勝食氣。」[1] 就算有很多肉可吃，也不宜多吃，使其超過了米飯蔬菜的量。這不正正與現今營養師和環保人士的倡議不謀而合？孔子本身也不好肉食，他最享受的飲食不是大魚大肉的一餐，而是粗茶淡飯，他曾說道：「飯疏食飲水，曲肱而枕之，樂亦在其中矣。」[2]

另一位大儒孟子，也是一個少肉主義者，並且支持少取物命。在《禮記．玉藻》中孟子提出著名的「君無故不殺牛，大夫無故不殺羊，士無故不殺犬豕。君子遠庖廚，凡有血氣之類，弗身踐也。」此處的「故」一般理解為禮節需要。由此可見孟子不把殺生看作等閒事，而很可能只會因為禮節所需才殺生吃肉。至於後半部分，很多人會覺得只是叫大家不要親手殺生，卻可以讓別人去殺。事實上，如果我們誠實地想一想，此句說的實在只是不要親手殺有血氣之物，但沒有明說或暗示我們可以或者應該叫別人代為宰殺。基於「己所不欲，勿施於人」的大原則，孟子也應該沒有叫別人代殺的意思。

而很多人亦聽過孟子的另一句名言：「君子之於禽獸也，見其生，不忍見其死；聞其聲，不忍食其肉。」[3] 可見孟子不僅對動物「弗身踐也」，更奉行類似某些佛教徒的「見殺不食」和「聞殺不食」的做法。明代儒學家胡直對此解釋道，天子、諸侯和大夫都是尊貴之士，然而如果這些「上等人」都不得無故而殺生，「則有故而殺者，蓋無幾矣」。再加上，如果君子對待宰的動物見生聞聲都會不忍食之，能吃肉的機會就更加之少了。[4]

節殺思想一直被後儒所承繼和強調，明末儒學家劉宗周在《人譜類記》卷下中把為禮法而宰牲描述為「大禮所在，不得已而烹宰」，同時提出「若徒為口腹，斷宜減省」。[5] 清代儒學家所編寫的《綠野齋前後合集》中，更批評時人已經忘卻聖人教訓，「生民之欲日開，貴賤無度」，慨嘆「一饌而殘數物之命，或一燕會賓祀，而殘數十物之命」的社會現象。[6] 因此，自明代便有士大夫提出，儒家的節殺思想嚴苛，在實行上近乎與戒殺無異。[7] 不過，後儒所提出的少肉主義，其實已經比孟子的「無故不殺」、「見殺不食」和「聞殺不食」寬鬆得多。而儒家由始至終在表面提倡的，從來都不是完全的戒殺，而是節殺和愛惜物命。

反對者一般會提出《論語．鄉黨》中的一個故事來反駁儒家支持愛護動物的說法。故事是這樣的：有天，孔子退朝回家，發現馬廄焚毀了，他立即詢問有沒有人受傷，而「不問馬」。一些有心人便把它解讀為孔子毫不關心非人動物。其實，這個故事不應從動物倫理角度解讀。在古代也好，現代也好，馬匹和馬廄都被視為重要資產，而馬廄內的馬是供人使用的，比較屬於財產和工具。馬廄內縱有其他工具，但是數馬最貴重。在這個故事中，馬象徵財產和身外物，它想帶出的是孔子關心人命，包括工人的性命，而把其看得比一切財產都更重要。[8] 在儒家經典中，當動物作為生命體和動物本身（而非財產）被提及時，儒家則會以仁和以禮待之。孔子絕非毫不關心自己家中的動物，他的狗去世的時候，他亦鄭重將其以禮埋葬。[9] 孔子所提倡的禮從來不是虛有其表或墨守成規，而是為了照顧、表達和安慰人的情感。因此，孔子葬犬也是肯定了人和伴侶動物之間會有情感羈絆和不捨之情，近乎於親情。

即使「善待動物」四字從未出現過，但儒家的愛物思想隨處可見，結合到它的價值觀和信念之中。孔子和儒家所推崇的上古聖王，都曾因為他們對萬物的仁德而受讚揚，黃帝「仁厚及於鳥獸昆虫」[10]，舜則「好生而惡殺」，方得「鳳翔麟至，鳥獸馴德」[11]，可見孔子相信對動物之仁同是美德，亦是仁的伸延。在《史記．殷本紀》中，講述了另一個極獲儒家推崇的上古聖王商湯的故事。有天，湯見獵人打獵，張開羅網準備四面包圍動物。湯見狀，立即命人收起三面的羅網，只留一面，並命令林中動物往左右逃走，不想聽命的就墮入羅網。當天，湯和獵人有沒有捕捉到動物，我們不得而知。《史記》只告訴我們，結果是「諸侯聞之，曰：『湯德至矣，及禽獸。』」這個狩獵的反面教材，從此因其以仁待物和取物有節的思想而被傳頌。對禽獸的仁心，竟令諸侯因此歸順於湯，成為湯開創商王朝的關鍵。這個「網開三面」的故事是史實還是杜撰，我們也不得而知，但它得以收於《史記》，商湯得以受儒家推崇，某程度上反映了仁及禽獸在當時已是深入民心的美德。12

西方許多哲學家時至今日仍在懷疑動物有沒有感知能力，但孟子早已注意到「凡生天地之間者，有血氣之屬必有知」。13 孟子亦算是首位直接觸及動物倫理的儒者，更高調地把與人一樣有血氣的動物納入了儒家關懷圈，他提出了著名的仁之三部曲：「親親而仁民，仁民而愛物」。14 孟子不贊成愛物如愛人，也不贊成愛一般人如愛親人，他指出「仁者無不愛也，急親賢之為務」。15 事有輕重，愛有等差，但必須留意，在一般沒有兩難的情況，一個真正的仁者仍然是應該「無不愛」，而非偏愛。孟子和儒家往後的主流思想都是「重人輕物」，卻不是「重人不重物」，這是人們常見的誤解。《中國哲學史》的作者馮友蘭解釋道，儒家愛有等差之中的「等差」並非高下之分，而是遠近、先後之別，若要成就真正的仁愛，就必須推愛，把仁善從近到遠推展出去，從至親、他人，至於萬物。16 他說：「親親就是仁的自然基礎，仁民是仁的核心和重點，愛物則是仁的最終完成。對萬物的愛心，實際上是仁需要完善化的內在邏輯要求。」17

「親親、仁民、愛物」是一種推愛的自然順序，合乎人的道德直覺。不過，在齊宣王以羊代牛的故事中，孟子也肯定了對動物懷有仁愛，亦會使反向推愛於人更容易，推愛不一定只循最常見的順序發生。[18] 故事中，齊宣王看到將要用以祭祀的牛因為受驚而顫抖，心有不忍，便命人放過這隻牛，以另一隻他沒親眼見到的羊代替。我們可能會覺得，這不是自欺欺人？但孟子得知後，仍大讚齊宣王的不忍之心，並把對動物的同情提升到王的德行的高度。他對齊宣王說：「是心足以王矣。」[19] 盛讚過後，孟子亦不放過這個勸諫的機會，他勸勉齊宣王，能恩及禽獸很好，但作為王，怎可以功不及百姓呢？在整場對話中，孟子沒有半點輕蔑或否定齊宣王愛物之心的意思，他花了不少時間與齊宣王討論這種出自不忍之心的仁術，然後，他希望齊宣王同時能進一步將此仁心推愛，關懷天下百姓。

先前提及過的另外兩句孟子的名言——「君子之於禽獸也，見其生，不忍見其死；聞其聲，不忍食其肉」以及「君子遠庖廚」——同出自上述故事。對於孟子描述的不忍之心從何而來，朱熹的解釋是「禽獸之生，雖與人異，然原其稟氣賦形之所自，而察其說生惡死之大情，則亦未始不與人同也。」[20] 而「君子遠庖廚」雖然狀似齊宣王以羊代牛的自欺行為，但不打算完全廢棄肉食的儒家認為，這是一種因不忍之心而來、實不得已的仁術。[21] 在現今，吃肉不再是實不得已，大部分人都可以從素食中獲取足夠營養，那麼「遠庖廚」是否仍然足夠，則有待重新評估。

另一次對不忍之心的詳細描述，出現在孺子入井的故事中，孟子表示正常人看到孩童身處險境，會自然前去拯救，這是表現了人皆有的「不忍人之心」和「怵惕惻隱之心」。[22] 如此仗義，為的不是得到報答或名譽，而是簡單來說的良心驅使。在孺子入井和以羊代牛這兩個故事中，孟子肯定了不忍之心的對象可以是人或是動物，而且兩種不忍心同為仁的表達。明代著名思想家王陽明更詳細地描述了這種情感，他說「見孺子之入井」和「見鳥獸之哀鳴觳觫」都會引起人的惻隱心和不忍之情，因為我們的情感能夠互通，透過仁和同情，我們與身陷險境的孺子和鳥獸「為一體」。[23]

儒家思想同意人對動物也要有基本的仁心和同情心，因為我們可以感知到動物的痛苦，能夠「移情」，動物痛苦亦會使我們聯想到他人或自身的「人類」痛苦。因此作為人，我們自然也會不忍心看見這些痛苦。[24] 儒家不似西方思想般執著於動物痛苦是否一個客觀存在的事實，重點是作為有人性的人，我們會不忍看見痛苦的場面——不論受苦者的人還是其他動物。

縱使儒家認同利用動物作為資源，但它一直強調取物有節和尊重動物生命，讓牠們完成自己的生長週期，並實現自己的本性，並未把動物撇除在關懷圈外。儒家用物的哲學是天道高於一切，因此人對動物的使用亦要受天道的限制。事實上，儒家對於使用動物的確是諸多限制。在《論語》和《禮記》中，不少規條是有關打獵和開採動物資源，管轄範圍上至天子，下至黎民百姓，譬如「天子不合圍，諸侯不掩群」[25] 以及孟春時節規定「犧牲毋用牝，禁止伐木，毋覆巢，毋殺孩蟲、胎、夭、飛鳥。毋麛（不殺幼鹿），毋卵」。[26] 類似的打獵規限和季節性禁獵在《孟子》、《淮南子》和《呂氏春秋》等各處反覆出現，並非只興起一時的法規。[27]《禮記．祭義》中記述曾子說：「樹木以時伐焉，禽獸以時殺焉。」而孔子對此回應道：「斷一樹，殺一獸，不以其時，非孝也。」可見用物倫理在儒家思想中舉足輕重。

孔子本人會捕魚，會射鳥，但他「釣而不綱，弋不射宿」。[28] 明代儒學家郝敬認為，這是由於「魚鳥有血氣，好生惡死，於人尤近」，孔子不願對牠們趕盡殺絕，因為這是「仁者不為」。[29] 另一明代儒學研究《論語湖南講》中提到「欣生惡死，人與物本有同情。取彼形軀，供我口腹，決非仁者之心。」當中作者認為，因為民眾普遍已經習慣了殺生，孔子覺得「難立異以駭世，故只把竿釣，不用綱網，弋矢不射宿鳥」，這是節衷之法，為能「於用殺之中，仍存不殺之術，一以曲全萬物之命，一以微示好生之心，一以默寓夫轉移世俗之機」。[30]

其實，有沒有把「我愛你」說出口並不重要。愛惜物命，節用節殺，正正已是人能為動物做的美事。後世的儒學思想，的確展示了孟子推愛的理想。漢代大儒董仲舒寫道：「質於愛民，以下至於鳥獸昆蟲，莫不愛。不愛，奚足謂仁？始於自愛，推於愛人，極於愛物，此春秋之志也。」[31] 而在宋明理學中，儒家動物倫理更是達到巔峰，理學家毫不隱晦地推愛於物。朱熹論「仁之實」道：「仁之實，本只是事親，推廣之，愛人利物，無非是仁。」[32] 北宋五子之一的張載則提出著名的「民胞物與」思想，此四字來自於《正蒙．乾稱》中的《西銘》：「民吾同胞，物吾與也。」意即所有人都是彼此手足，萬物都是人的朋友。張載認為，人與動物的生命和情感關係帶有感通性，人本性會把對同類的憐憫和關懷之情投射到動物身上，而這成就了人類尊重和保護其他動物的基礎。[33] 同為北宋五子之一、張載的表侄兒「大程子」程顥也提出了「仁者，渾然與物同體」等廣愛思想。[34] 明思想家呂坤在其著作《呻吟語．談道》中亦道：「己欲立而立人，己欲達而達人，便是肫肫其仁，天下一家滋味。然須推及鳥獸，又推及草木，方充得盡。」

儒家經常被人誤以為是人類中心主義或重人輕物，但從一些儒家經典的字句中，我們可以看到其實儒家不是一般的重人輕物，而是只重具有君子人格的人，其餘的人的道德地位幾乎與禽獸無異！[35] 孟子認為：「無惻隱之心，非人也。」[36] 在《孟子．離婁下》，他亦表示人與禽獸的區別非常微小，小得「庶民去之」，只有「君子存之」。[37] 儒家的確對動物比對失德的人更有同情心，關於愛物惜物的教導多不勝數，卻沒有勸過人要愛小人或者愛仇敵。

二、佛家

談過儒家，我們再看看佛家和古代的素食主義。隨著中國經濟發展起來，今天不少中國人都可以過上大魚大肉的生活。不少人都喜歡吃火鍋，看著豬牛羊肉一盤盤端上，不亦樂乎。但誰又想到，原來這個現代肉食大國有著歷史悠久的素食傳統？

受佛教所薰陶，素食曾被提升至國家制度層面。自南北朝起，但凡朝廷祭祀大典、皇族誕辰、天象異常、久旱求雨等等「特別日子」，經常會有禁宰令，期盼積善積福。梁武帝、隋文帝、唐太宗等更直接提倡眾人吃素禮佛。在梁武帝和北齊文宣帝期間，一年之中有將近三分之一的日子（即一百零八天）舉國大規模奉行素食，他們更提倡「去宗廟生（牲）」，以仁心獻祭。[38] 這些傳統一直到唐代奉行了差不多三百年。[39] 我們今天的「Green Monday（蔬食星期一）」與古人相比，實在是小意思。

以護生愛物為出發點的素食，一般認為來源自佛家。而佛家之所以禁肉，是因為無論是吃另一有情生命的行為本身，還是取得肉的屠宰過程，都不利於慈悲心的發起。[40] 中國佛教特別提倡慈悲，當中慈即「與一切眾生樂」，悲即「拔一切眾生苦」。41 自唐宋時期開始，中國的主流佛教宗派都相信眾生皆有佛性，因而具有平等的內在性。人和動物同為有情物，同在六道之中流轉，互為親眷，因此不應對動物加以殺害。不殺生是慈悲心的體現，首先要從戒殺入手，不親自去殺，也不請人代殺。42

對於吃肉者來說，佛教的修道要求不易達到。然而，佛教卻能成功傳入古代中國，並蓬勃發展起來。佛教之所以能落地生根，因為它跟本土的儒家能很好地「共存」。兩家的思想在很多方面都能互通，包括在愛物方面。佛家對萬物的悲憫和視如親眷，與儒家對物的不忍之心、孟子的「凡有血氣之類，弗身踐也」、張載的「民胞物與」以及天人合一和萬物一體自然觀，雖然在本質上和出發點有異，但對一般百姓聽眾來說，兩家都同樣是提倡以仁慈對待動物，差異不大。中國佛教經典《金剛經》提出普渡眾生的理想的時候，走的亦是儒家「親親、仁民、愛物」的推愛路線。43

我們甚至有理由懷疑，重視和關愛其他生命形式並不是從佛教而來的舶來品，而是源於本土。首先，在佛教的起源地印度，素食主義在初期沒有受到太大的重視。對於原始佛教來說，齋食主要是指「過午不食」，而吃什麼則無硬性規定，不管吃素吃葷，只要過午不食就算是吃齋。而在印度比較流行的小乘佛教並不完全禁止肉食，而是可以吃「三淨肉」。44

這倒有點像孟子的「見生不忍殺，聞聲不忍食」的實踐。傳入中國後的佛教，才開始積極提倡素食。此外，碰巧的是，在唐代進入中國的景教（基督教分支之一）也主張素食。素食本來並非基督教的主流教導，《聖經》中明確寫道，動物是上帝賜給人的食物。45 中國著名動物倫理學者莽萍教授推斷，基於素食與行善在當時本土文化中的緊密連繫，可能在中古時期想要進入中國的外來宗教，都必須表明慈悲對待萬物的態度，才能在民間社會扎根，獲得民眾信奉和支持。46

除了素食以外，放生是另一種佛教在古代中國發揚的「護生」活動。早在南朝佛教傳入後，已有放生活動，到宋朝極為鼎盛。宋朝官方設立的放生池 47 和碑記，數量前無古人，後無來者，即使是不信佛的皇帝亦會參與。48 今人一般明白放生對生態和動物本身都未必是好事，一來外來物種入侵會影響原生態，二來放生的動物如果是被人刻意捕捉再放生，更是受了無謂的折騰。不過，對古人來說，放生差不多是愛物的最高境界，它喻意著送給動物「不殺」與「自由」的恩典。從一些放生池碑文中可以看到，此愛物之舉，同時亦與仁民和慈儉有關係。宋代的《放生池德生堂記》寫道：「仁民之心，愛物是均。民物一致，天人之因」，還有《杭州放生池記》中的「皇帝仁及萬有，惠濟群品，法神武之不殺，守慈儉以為寶」，均是借放生一事讚頌皇帝的仁德。49 北宋著名政治思想家王安石亦是恆常放生之人，宋《續墨客揮犀》卷七記述：「公性不殺，至金陵，每得生龜，多放池中。」

放生活動一直從南朝流傳至今，在某些佛教儀式中仍時有舉行。但不只是今人，至少早於明代便有人批評放生的護生效用。明代才子王思任曾作詩寫道：「本為放生名，反得速死謗。大哉慈悲言，不取亦不放。」50 他觀察到被放生的動物在一番折騰後，往往落得「速死」的下場。明人馮夢龍所著的《古今譚概》中記述了另一個民間流傳關於放生的有趣故事，該故事發生於南朝，仍是放生活動剛傳入興起不久之際。南朝皇帝梁武帝，是虔誠佛教徒和提倡僧人素食的皇帝。有天，北魏使者李諧來訪，武帝帶他到處參觀，「偶然」走到了放生的地方，皇帝便（帶著炫耀目的）問李諧：「你們國家也有放生的傳統嗎？」李諧只回應道：「不取，亦不放。」聽罷，皇帝慚愧不已。誠然，放生一般比殺生好，但最好是不取。在古代，至少有一部分有識之士明白有求才有供，真正愛惜物命，是「不取」，而不是「放」。由此可見，古人的愛物護生並非只流於形式或討論層面，而是實際地代入其他生命體的角度，去思考何事真正對牠們有益。

在明代，某些士大夫甚至以儒家經典中戒殺好生的思想，來論證戒殺之說出自儒家，和佛家爭戒殺的原創版權！51 如先前所述，儒家的節殺思想即使放在現代看，亦算嚴苛，在實行上與戒殺的效果相似。清代政治家康有為在其著作《春秋董氏學》中提出：「孔子之道，最重仁。人者，仁也。然則天下何者為大仁，何者為小仁？鳥獸昆蟲無不愛，上上也。……推遠庖廚之義，孔子不殺生之意顯矣。但孔子因民性情、孔竅之所利，使道易行耳。不愛鳥獸、昆蟲，不足謂仁，惡殺昭昭哉！後世不通孔子三世之義，泥亂世、升平之文，反割放生為佛教，宜孔子之道日隘也。」52 他認為，孔子和儒家事實上是贊成戒殺，只不過「因民性情」，一時間很難提倡在當時比較不切實際的素食主義，所以才未有如此作，但其仁之思想，已經為愛物埋下了伏筆。儒家思想一般強調要做到入世、可行、貼近民情和社會現實，因此康氏此説亦不無道理。康氏甚至認為，把放生傳統説成來自佛教是錯誤，它實質來自本土儒家。

三、道家

與儒釋並立構成中華文化主要骨幹的，還有道家。儒家入世，道家出世，一般認為道家對華人文化的影響相對較小，但道家當中有不少優雅且「前衛」的愛物思想，不得不提。先秦道家的創始人是老子，及後主要由列子和莊子發展。道家思想中最為大眾知曉的，應該就是「無為」的主張。老子提倡自然無為，他不怎樣在乎外在規條和繁文縟節，也不是干預主義者。和孔子一樣，他從來沒有明確就人類動物關係開過口。不過，從道家的經典中，我們仍然可以看到老子的價值體系和立場。

在《道德經》中有一句：「天下有道，卻走馬以糞。天下無道，戎馬生於郊。」在戰爭時期，有時候懷孕的馬也需要上戰場，因此會出現「戎馬生於郊」的情況。此句有兩個值得玩味之處。第一，一般人談起戰爭的破壞性，關注點是人民、士兵和死傷者的苦難，還有國土的摧殘。可是，當老子談起戰爭，他關注到的是對於馬的生活的影響，並特別以此來反映戰時的悲慘狀況。第二，老子描述馬在和平時期的作用是「走馬以糞」。對此四字，學者大致上分成兩種看法，一是認為與農事相關，例如馬的糞便為人提供肥料，或者人騎馬播種施肥，[53] 二是認為與農事無關，而是指讓工作中的馬能按其生理需要停下來排泄。[54] 我個人認為第二種説法比較可能是老子的原意，因為它更能與下句的「戎馬生於郊」相對應。在和平時期，馬匹微小至排便的生理習性都可以得到很好的照顧。相對之下，在戰爭時期，連生產小馬這種「馬」生大事都得在危機四伏的戰場上進行。

當然，最終哪種看法才正確，恐怕只能問老子本人。不過，無論是循哪種看法，老子都對馬挺仁慈的。古人用馬，當然不止用於農事，馬還是運輸工具和食物。老子沒有選擇提及這些對馬傷害較大的常見做法，在這裡我們或許可以稍為窺探到他的價值取向。如果老子是尊重動物本性之人，這便不難明白為何受老子啟發的莊子也如此關心和喜愛動物，而且從某種程度上源於道家的道教也會強調愛護動物，勸人「積德累功，慈心於物」。[55]

關於莊子，眾所周知他愛「逍遙」，而他顯然也喜愛動物，並且希望動物也能「逍遙」。《莊子》中有不少關於各種動物的敘述，尤其是馬。這可能是來自老子的影響，也可能是巧合，不得而知。莊子同樣對馬的本性非常關注和觀察入微。《莊子．馬蹄》中有這樣的一段話，批評辨出千里馬的伯樂：「夫馬，陸居則食草飲水，喜則交頸相靡，怒則分背相踶。馬知已此矣。夫加之以衡扼，齊之以月題，而馬知介倪、闉扼、鷙曼、詭銜、竊轡。故馬之知而態至盜者，伯樂之罪也。」一般人都覺得伯樂是一個知人善任的人，使千里馬不至於懷才不遇。這個故事的喻意是正面的。但莊子和老子一樣，見解獨到。莊子看到的是，伯樂只從人的角度去評馬的有用和無用，他認為千里馬是一匹好馬，只因牠看似夠強壯，可以為人類上戰場。但事實上，上戰場是馬的天性、馬的所求嗎？如果不是，伯樂辨出千里馬，是對牠好，還是害了牠呢？莊子毫不隱晦地批評人對馬的使用，他認為馬最好的狀態，就是馬「為馬」的時候，食草飲水，交頸相靡，自在逍遙。莊子關心的不只是馬，還有同樣常為人所用的牛。在《莊子．秋水》中，他曾慨嘆馬被迫套上籠套，牛被迫穿上鼻環，為人類勞苦，這是「以人滅天」，以人的利益考量泯滅動物的自然天性。

莊子為動物發聲的言論不止於此，他亦批評一般被視為文雅興趣的養鳥行為。莊子認為，因為一己私慾以籠養鳥，縱然有盡力為鳥提供豐衣足食，也實在只是「以己養養鳥也，非以鳥養養鳥也」。[56] 真正的喜愛是為對方利益著想，莊子認為正確「養鳥」的方法，是使鳥可以「栖之深林，遊之壇陸，浮之江湖，食之鰍鰷，隨行列而止，委蛇而處。」這有如後世清代文學家鄭板橋所寫的「欲養鳥莫如多種樹，使繞屋數百株，扶疏茂密，為鳥國鳥家。」[57]

現代大多數對老莊的「權威」解讀，都將重點放在這些故事對人事的意義之上。我也相信，莊子和老子用動物作主角時，當然不僅僅是為動物發聲，更是同時以這些故事借喻人的狀況。但是，正正因為老莊二人對動物有敏銳的觀察，在意牠們的感受和生活狀況，並且對牠們在人類社會中的待遇有所慨嘆，二人才會使用動物作為故事主角。要以牛馬被奴役而失天性來比喻人為了對他人和社會「有用」而失去本真，要以籠中鳥來比喻自由的喪失，首先便要意識到這些悲劇正發生於牛、馬和鳥身上。因此，儘管老莊二人不是動物倫理學家，但毫無疑問，他們都深深同情動物的處境。

在現代城市中，人與動物之間的正面衝突相對較少。即使如此，每當發生此類衝突時，例如野生動物「闖入」民居，既定的解決方法幾乎總是犧牲動物利益來保障人類利益，即使在事件中，可能人類才是罪魁禍首，或者人類受影響的程度極低。在古代，我們可以想像人類受到動物的影響更大，尤其是來自野生動物的威脅。即使在這種現實情況下，莊子仍提出，如果我們不首先傷害動物，便能與動物和平相處。他說：「聖人處物不傷物。不傷物者，物亦不能傷也。」[58] 這不僅僅是天真的迷信。試想想，有多少次野生動物離開自己的棲息地，來到人類社區，不是因為人類破壞牠們的棲息地在先？社區裡的「流浪」貓狗問題，不也是由於不負責任的飼主遺棄牠們或者牠們的父母在先？就算放到現代來看，莊子此說仍有其道理。不僅如此，他更把一個人如何處物連繫到此人的人際關係素質上：「唯無所傷者，為能與人相將迎。」[59] 只有「不傷物者」，方能與他人自然相送相迎，擁有恰當美好的人際關係。

有漢學家認為，道家思想對其他生物的尊重態度，使古代中國成為率先提出物種平等概念的國家之一。[60] 一般認為「動物擁有自身內在價值」等思想，是來自現代西方倫理學者，其實不然。不但莊子早有此見，另一位比莊子更早期的道家主要人物列子，年少便曾就人類動物關係提出過非常先進的見解。歷史上沒有證據說明列子是素食者，不過他對於部分人視動物為被人類食用而存在的看法極為反對。《列子．說符》記述，有一次齊國田氏設宴，宴請賓客上千。席間有人獻上魚和雁，主人家田氏看到後，感歎道：「老天對人類真好！給我們五穀，又給魚鳥來供人食用。」賓客聽了紛紛附和。此時，鮑家年僅十二歲的兒子（就是列子）卻說：「並非如你所言，天地萬物是與人共生於自然的不同物類。但類無貴賤，只是因體形和智力的差異而相生相剋，卻不能說誰是為了誰而生於世上。人也只能食用能力範圍內可取得的動物，哪裡是上天特意為人的口腹而創造動物呢？再說，蚊子叮咬人，虎狼也吃人，難道人類是上天為了蚊子和虎狼而創造的嗎？」此故事若屬實，那我敢肯定列子必定是最年幼的提出物種平等的哲學家。如果故事屬杜撰，則更有意思，反映道家認為類無貴賤的想法是人的本性，因此把它放在一個未為世俗和社會所玷染的孩童口中，去反駁「大人們」一廂情願的人類中心主義。

中華文化中的愛物觀念不只出現在儒釋道的經典之中，更確實有被實行出來，甚至寫入法律。早於公元前二千年的神話時代，三官大帝之一大禹帝便頒佈法令，夏季三個月內，不得在河溪中使用漁網，以確保魚和龜能有足夠時間繁衍後代。61《漢書．宣帝紀》中記載，公元前六十三年，漢朝頒佈了全國第一部鳥類保護法，禁止在春季和夏季捕獵雀鳥和採集鳥蛋。62 當然，這些律例明顯是為了讓人類可以持續地使用動物資源，不過，這同時亦反映古人對於動物的生命週期有深切的認識和一定程度的尊重，展現了取之有節、有道的生態道德觀。唐代有關節約使用動物資源和禁獵的法規亦相當詳細，甚至還有針對動物本身的保護法令。《唐典》中列明了使用用於官方目的（即現今的工作動物）的動物時，必須為動物提供背墊以及不能讓輓具對動物的頸項造成損傷等等。63

在古裝劇中，我們有時會看到大臣和外使向皇帝進貢一些珍貴的稀有動物，然後皇帝龍顏大悅的情節。但事實上，歷代多位皇帝都曾禁止大臣獻野生動物。當然，此舉也是為了禁奢靡之風，但在表面上這些禁令確實打著愛護動物的旗號。譬如說，宋太祖曾下禁捕詔書，當中寫道：「榮採捕於上林，復幽閉於籠檻，違物類飛鳴之性，豈國君仁恕之心？既無益於邦家，宜並停於貢獻。應兩京諸州，今後並不得以珍禽異獸充貢舉。」[64] 在古代，即使是地位高至天子的皇帝，其愛物之心也毫不隱晦，更引以為德。及後至清，康熙帝亦在其教子的讀本《庭訓格言》中寫道：「仁者無不愛。凡愛人愛物，皆愛也。」

古代不少著名的詩人和文學家亦會以愛護動物為主題而創作。例如唐代詩人白居易的《鳥》：「誰道群生性命微，一般骨肉一般皮。勸君莫打枝頭鳥，子在巢中望母歸。」而傳聞為東坡肉的發明者，宋代大文豪蘇軾，其實也是一位愛物之人。在《岐亭五首（並敘）》中，他借詩句抒發對於蛤和魚被捕作為食物的不忍之情：「我哀籃中蛤，閉口護殘汁。又哀網中魚，開口吐微濕。刳腸彼交痛，過份我何得。」

今人常言道，我們要擴展道德關懷圈，殊不知古人不但早已仁及鳥獸，不少人更已經仁及蝮蛇。[65] 某次，唐代大文學家柳宗元的家奴捕獲一條蝮蛇，準備殺死牠，但柳宗元命令家奴把蛇放走。因為蛇會諱人避人，沒有主動對人構成危險，所以他認為不該對蛇隨意捉拿傷害。柳宗元更為此事創作了《宥蝮蛇文》，表達蛇的特性和形態都是上天所賜，縱不討喜，亦非有罪。後來，南宋文學家周紫芝的家中亦遇到相似情況。周紫芝及後寫作《太倉稊米集・盎蛇記》抒發他的看法：「夫蛇在瓮盎也，不為人害。今既攘其窟穴，又有刳其腹，使雌雄失偶，母子俱斃，可謂不仁矣。……君子親親而仁民，仁民而愛物，與其賤物以愛人，孰若兩全而兼愛？」[66] 蛇若有毒或有傷人傾向，我們固然需要避而遠之。但在多數情況下，人和各種所謂的「害獸」是可以保持距離和平共存的，不必動輒喊打喊殺。而古人可以對這些對自身有潛在危險之物，都以仁待之，理性持平，實在是文明的體現。今人有時候反顯得落後了。

古今中外，也常常有人喜歡問為何對待動物和植物要有所不同，為何要特別愛護動物。明末清初大儒王夫之的一段話，精闢地回應了這個問題：「植物之與人，其視動物之親疏，此當人心所自喻，不容欺者。故聖人之與動物，或施以帷蓋之恩，而其殺之也必有故，且遠庖廚以全其恩。若於植物，則雖為之厲禁，不過蕃息之以備國用，而薪蒸之，斲削之，芟柞之，薀火之……情同者與達其情，故於動物則重其死。植物之性情漠然不與人合朕，則唯才之可用，用其才而已。」[67] 對於動植物的生理結構，古人可能不及今人了解得透徹，但說實話，動物與植物，何者屬於有情之物，「此當人心所自喻」，並非一定需要現代科學來解決。因人與動物的情感互通，王夫之認為聖人對於動物才會提倡無故不殺、遠庖廚和愛惜物命，而對植物則只需用之有節，便可物盡其用。

中華文化的古代經典中關於動物倫理的精彩論述，若要在此詳列所有，此章必定可以自成一書。最後，我只想以個人最喜愛的一段話作結，它來自明代思想家袁了凡所著的家訓《了凡四訓》，繪形繪聲地描述了戒殺的情感依據：「上帝好生，物皆戀命，殺彼養己，豈能自安？且彼之殺也，既受屠割，復入鼎鑊，種種痛苦，徹入骨髓；己之養也，珍膏羅列，食過即空，疏食菜羹，儘可充腹，何必戕彼之生，損己之福哉？又思血氣之屬，皆含靈知，既有靈知，皆我一體；縱不能躬修至德，使之尊我親我，豈可日戕物命，使之仇我憾我於無窮也？一思及此，將有對食傷心，不能下咽者。」

人對大自然的敬畏，對其他生物的興趣和關心，不分地域種族。世上每一種文明都有某種形式的反殘酷道德觀，每一種宗教都有關於對待動物的行為規範，而每一個社會都有明文或不明文規定的反虐待動物法律或共識。[68] 中華愛物文化博大精深，此章縱長，仍未能描述當中的十分之一，餘下的留給大家自行探索。許多學者在這領域都有非常優秀的研究和出版，在此無法一一詳列，不過大家若有興趣，可從莽萍教授的「護生文叢」系列叢書入手。

1 《論語・鄉黨》

2 《論語・述而》

3 《孟子・梁惠王上》

4 原文為：「禮曰：天子無故不殺牛，諸侯無故不殺羊，大夫無故不殺犬豕。夫天子，尊也；諸侯大夫，貴也。然皆無故不得殺生。夫無故不得殺，則有故而殺者，蓋無幾矣。孟子曰：見其生，不忍見其死，聞其聲，不忍食其肉。夫見生聞聲，君子咸不食之，則不出於見聞而食者，蓋亦無幾矣。」（《衡廬精舍藏稿》卷十四〈戒殺生論〉）

5 趙杏根：《中國古代生態思想史》（南京：東南大學出版社，二〇一四年），頁一六一。

6 同上，頁二二一。

7 同上，頁一五八至一六〇。

8 Bai Tongdong, "The Price of Serving Meat – On Confucius' s and Mencius' s Views of Human and Animal Rights", *Asian Philosophy*, Vol.19 No.1 (2009), pp. 85-99.

9 《禮記・檀弓下》

10 《孔子家語・五帝德》

11 《孔子家語・好生》

12 喬清舉：《儒家生態思想通論》（北京：北京大學出版社，二〇一三年），頁五十五。

13 《禮記・三年問》

14 《孟子・盡心上》

15 同上。

16 馮友蘭：《中國哲學史新編》（北京：人民出版社，一九八五年），頁九十二。

17 韓星：〈儒家天人一體觀與生態文明〉，載張立文編：《天人之辯—儒學與生態文明》（北京：人民出版社，二〇一三年），頁三三三至三三四。

18 同註5，頁一六五。

19 同註3。

20 《四書或問》卷二十六。

21 陳立勝：〈宋明儒學動物倫理四項基本原則之研究〉，《開放時代》，二〇〇五年五期，頁五十五至六十七；鄧永芳、郭萌萌：〈先秦儒家動物倫理思想芻議〉，《南京林業大學學報：

人文社會科學版》，二〇一五年四期，頁十九至二十五。

22 《孟子．公孫丑上》

23 《大學問》

24 同註8。

25 《禮記．王制》

26 《禮記．月令》

27 莽萍：《物我相融的世界：中國人的信仰、生活與動物觀》（北京：中國政法大學出版社，二〇〇九年），頁九十二。

28 同註2。

29 《論語詳解》卷七，見註5，頁一六四至一六五。

30 同註5，頁一六五。

31 《春秋繁露．仁義法》

32 《朱子語類．孟子六．離婁上．仁之實章》

33 俞田榮：《中國古代生態哲學的邏輯演進》（北京：中國社會科學出版社，二〇一四年），頁二三〇。

34 《朱子語類．程子之書一》

35 鄧永芳、胡文娟：〈孟子動物倫理思想探微——兼論莊子、孟子動物倫理思想的異同〉，《南京林業大學學報（人文社會科學版）》，二〇一二年四期，頁七十七至八十一。

36 同註22。

37 「人之所以異於禽於獸者幾希，庶民去之，君子存之。舜明於庶物，察於人倫，由仁義行，非行仁義也。」（《孟子．離婁下》）

38 同註27，頁一四四至一四六。

39 同註27，頁二五二。

40 同註27，頁一三〇。

41 《大正藏》卷二十五。

42 同註33，頁一八六。

43 同註33，頁一八三。

44 同註27，頁一三〇。

45 《創世紀》第九章第三至四節（思高本）

46 同註27，頁一四五。

47 放生專用的一塊區域或河域，類似今天的自然保護區。

48 同註5，頁一一四。

49 同註5，頁一二六。

50 《諟庵文飯小品》卷二《放生池》

51 同註5，頁一五八。

52 姜義華、吳根樑編：《康有為全集》第二集（上海：上海古籍出版社，一九九〇年），頁八三一。

53 游修齡：〈釋「卻走馬以糞」及其他〉，《浙江大學學報（人文社會科學版）》，二〇〇二年三期，頁六十四至六十九；熊燕軍：〈也談「卻走馬以糞」的釋義—兼論「騎馬播種說」之不能成立〉，《中國農史》，二〇〇四年二期，頁三十二至三十六。

54 呂全義：〈《老子》「卻走馬以糞」本義試探〉，《古今農業》，二〇一三年二期，頁四十七至五十三。

55 《太上感應篇》

56 《莊子・至樂》

57 《濰縣署中與舍弟墨第二書》

58 《莊子・知北遊》

59 同上。

60 Peter J. Li and Gareth Davey, "Culture, Reform Politics, and Future Directions: A Review of China's Animal Protection Challenge", *Society & Animals*, Vol.21 No.1 (2013), pp. 34-53.

61 Deborah Cao, "Legal Protection of Animals in China", In Andrew Linzey (ed.), *The Global Guide to Animal Protection* (Chicago: University of Illinois Press, 2013), pp. 234-235.

62 Suzanne Barber, "Nonhuman Animal Welfare in China: Evolving Rhetorical Strategies for Changing Law and Policy", *Journal of International Wildlife Law & Policy*, Vol.18 No.4 (2015), pp. 309-321.

63 Deborah Cao, "Visibility and Invisibility of Animals in Traditional Chinese Philosophy and Law", *International Journal for the Semiotics of Law*, Vol.24 (2011), pp. 351-367.

64 同註5，頁九十二。

65 同註5，頁九十五。

66 同註5，頁一二〇。

67 《讀四書大全說》卷十。

68 Paul Waldau, *Animal Rights: What Everyone Needs To Know* (New York: Oxford University Press, 2010), p. 134.

Chapter 15

動物真的需要擁有「福利」和「權利」嗎？

「動物福利」可能是史上最誤導人的詞語。聽到「福利」，我們很自然想到，生活在「高水平動物福利」的養殖場、屠宰場和動物園等地方的動物，一定是日子幸福、生活順利——說不定過得比人還要好！有些人可能還曾經開玩笑說過，嫉妒得到「福利保障」的動物，羨慕牠們「衣食無憂」。不過，這種想法或許是不必的。一頭早晚要供人食用的雞或牛無論「享有」多麼好的福利，牠的生活始終是大幅被人類所操控，下場始終是要在命不該絕的年紀被屠宰。而即使是所謂「無痛」屠宰，在實際操作時亦不一定每次都順利，有時候也不是一個安寧的過程，難以稱得上善終。相信我，大家會比較慶幸自己生而為人。給予動物所謂的福利，只是在牠們被人使用的一生中，為牠們提供一些基本保障而已。

世界動物衛生組織（World Organisation for Animal Health）把動物福利定義為動物對於所處的生存環境的適應程度。[1] 借世界動物保護協會中國代表趙中華先生的話：「動物福利不是給動物額外的待遇，而是滿足動物的基本需求，例如免於飢渴，免於疾病，免於傷害。」[2] 所謂的「動物福利」，完全談不上是優待了動物。歐洲國家常用一個稱為「五大自由（Five Freedoms）」的標準，來列明人對於在其照顧下生活的動物所應負的責任。「五大自由」保障的是在人類照顧下的動物擁有適當飲食的生理福利、適當居所的環境福利、減少傷病的衛生福利、自由表達天性的行為福利以及減少焦慮和恐懼情緒的心理福利。[3]

我們可以看到，即使是在這五大福利受到保障的生活條件下，動物得到的也只是正常生活的最低要求。在紐西蘭、奧地利等具有相對健全的動物福利法的國家，那些比較幸運的動物的情況也僅此而已。[4] 考慮到經濟動物（被迫）出生和捨身為人類付出的貢獻，我們滿足牠們的基本身心需要是本份，是作為人應該盡的義務，還未談得上是在回報牠們。

至於「動物權利」，在中文的語境中，也同樣誤導人。大多數人都鄙視虐待動物的行為，贊成使動物免於不必要的痛苦，可是，當說到要賦予動物某些「權」時，例如生存權、免受虐待權和在原棲息地生活的權利，人們便立刻猶豫。把「權利」的概念應用於動物，似乎有點荒謬。動物怎會有權利？動物權的討論甚至讓某些人覺得是對動物愛得過火了。到底「權」或「權利」這些詞有何不妥？

權利一詞作為一個現代法律概念，來自於英語中的「right」，而「right」在英語中同時有「正確」、「正當」的意思——例如 You are right! 的意思是「你是對的！」當某人有權去「X」，或者有著去「X」的權利，則意味著我們不讓他「X」是不正確的（寫成英文：If someone has a right to "X", it means it is not right for us to not let him/her "X"）。例如，如果你有權去自由選擇結婚對象，那麼誰若然不讓你跟你的對象結婚，便是不對。另一方面，當某人有權不「X」，或者有著不「X」的權利，則意味著我們令他「X」是不正確的（寫成英文：If someone has a right not to "X", it means it is not right for us to make him/her "X"）。例如，如果小孩有權不受到任何人虐打，那麼誰若然虐打小孩，或者讓小孩受到虐打，便是不對。

「Right」在英文裡一字多義，各義亦相互關聯，譯成中文的「權」或「權利」後，這種感覺便消失了。說到「權」，我們首先聯想到的通常是權力、地位和強者等等。而文言古文中也出現過「權利」二字，但指的多是權勢和財產——「君子知夫不全不粹之不足以為美也……是故權利不能傾也，群眾不能移也」[5]、「棄三萬戶而不受，辭權利而不居，可謂無欲矣」[6]。「權」和「權利」作為一個保障利益的法律概念，到了現代才出現在中文裡。

至於動物權利，這個詞組是英文中「animal rights」的直接翻譯。中國古代早已有類似生態權甚至動物權的概念[7]，只是這些概念沒有被明確地名詞化而已。如果我們把「權」看成是權勢、權力，那麼「動物權」的確有點可笑。貓狗的權勢，豬牛羊的權力，從何談起？然而，動物權裡的「權」當然不是指權勢和權力，而是指一種得到道德保障的權利或資格。如果動物有不受無理虐待的權利，那麼無理虐待牠們便是不對，我們便不應無理虐待牠們。這便是動物權的其中一種表述，當中最重要的是「那麼」之後的部分，而不是「如果」的部分。動物能不能有權利這個問題或具有爭議，不過對於較為重要的後半部分，不應無理虐待動物這一點，在所有的文明社會中似乎已有廣泛共識。

現今世上所有動物都受人類直接或間接支配。即使是野生動物和遠至深海中的動物，牠們的存亡也受著人類對環境的開採和污染所影響。農場動物的生命和生活更加是從基因和胚胎起，便受人類所操控。許多動物經過了人類幾千年的馴化和選擇性育種後，變得只能依附人類生活，牠們並沒有選擇，照顧和保護牠們便成為了人類必須肩負的道義責任。現代主流的動物倫理思想可以粗略分為兩大派別：

一 動物權利派

↙動物與人類有一些共有的權利，例如生存權、不受無理虐待和不被奴役的權利。動物應獲得與人類同等的道德考量。我們要考慮動物的利益和福祉，而且要將牠們的利益和福祉，視為與我們自己的同等地值得重視。同等程度的考慮不等於給予同等程度的權利，主流動物權利派不認為動物需要獲得與人類一模一樣的權利，而是要視乎各物種不同的生存需要而定。而物種主義者以為自己物種的利益，可以踐踏於其他物種的更大利益之上，權利派認為這是有違道德。

↙人類有責任減少經濟活動對動物造成的傷害和痛苦。只要動物在生時得到合理、妥善的照顧，被屠宰時受到減至最少的痛苦，這樣的話吃其肉甚至剝其皮，也可以是合乎道德的。各種使用動物的工業應受到嚴格規管，以確保動物得到人道對待，但毋須完全摒棄這些工業。福利派一般不反對使用動物資源，但如果某些作業方式會對動物造成無可避免的巨大痛苦，而且所生產的並不是關乎人命的必需品，福利派人士則會予以反對。

動物自然不會理解「福利」或「權利」的概念，但這並不等於牠們便不能擁有福利或權利。小孩子和許多成年人都不一定了解心臟和肝臟是什麼形狀和如何運作，但是所有正常人都擁有心臟和肝臟，並且因其正常運作而得以活著。我們上幾輩的祖先也不了解基因是什麼，仍然能夠將自己的基因傳給我們。因此，我們不需要先了解某種事物及其運作原理，才可以擁有它和從它得益。即使動物不會理解「福利」和「權利」，仍然有資格受益於它們所帶來的保障。

有些人會說：我贊成給予對人有貢獻的動物一點福利，但不贊成牠們享有權利。可是依我看來，兩者本是同源相生的龍鳳胎。雖說出發點和理論基礎有所差異，可是在實踐層面上，是動物福利還是動物權利，說的都是類似的事情。以工廠式產奶業為例，權利派和福利派同樣會譴責強迫乳牛母子分離的做法：

↙**動物權利派：**產奶業的罪過在於侵犯了母牛哺育小牛和小牛跟隨母親的天賦權利，所以強迫小牛過早斷奶離開母牛是不對的。而且，乳牛有不受圈禁和把母汁留給幼崽的權利，人類無權去監禁母牛並取走屬於小牛的乳汁，因此整個產奶業都有違道德。

↙**動物福利派：**產奶業把有舔犢情感的乳牛過早母子分離的做法，是本可避免的傷害，而且亦談不上是對牛妥善和合理的照顧，所以此做法不妥。稍為強硬的福利派更可能認為，無論給予怎樣的照顧，乳牛始終被困於產奶工場中，不斷被人工受孕和產奶，牠們的生活毫無舒適可言，因此現代產奶業根本無法為乳牛提供合理的福利，應被更人道的農場生產模式取締。

無論使用「福利」或「權利」哪個詞，大家都有一個共同想法，就是保護乳牛母子免受虐待。很多人雖然不認為動物應該擁有任何「權利」，但他們也堅信有感知的動物不應受到折磨和虐待。這種信念可以用不同的方式表達出來：一般大眾會說，折磨動物的人是壞人或者變態，好人和正常人不會這樣做；提倡動物福利的人會說，人類有責任妥善照顧那些依賴我們生活的動物，不應該折磨牠們；而支持動物權利的人會説，動物有權利得到保護，免受任何人的折磨。

福利權利兩派最明顯的差異，在於生存權和不受干預地生活的權利上。福利派一般不相信動物擁有這些保障，只是給予動物適當的待遇，動物便可以被圈養和屠宰，以供人類使用。而相信動物擁有這些權利的權利派，不會接受以任何形式的福利改善，作為可以圈禁和殺死動物的理由。無論以如何人道的形式飼養和屠宰，把牠們看作可利用之物和生財工具本來便是不道德。因為，人類不是萬物的奴隸主，無權限制別的動物自由自在地生活的自由。這種謙卑待物的思想其實也不罕見，實行上亦非不切實際，例如純素主義近年便已開始於各地興起。

動物權利派可能看似激進，但是撇除上述的一點，他們的觀點其實與福利派甚至一般大眾相差不遠。[8] 動物福利派的要求雖然沒有這樣高，但真正的福利派人士也會歡迎尊重各種動物的生存權和自由生活的權利。而且，對於不少福利派動保人士來説（包括筆者），改善動物福利只是一個他們相信是必經的中途站，並非最理想的終點，所以也不打算就此停住。

其實，當我們認同了動物福利時，不也等於認同了動物有得到某些福利的權利？動物權利派只不過是應用了權利一說來為動物爭取更多的保護。不少媒體偏向把動物權支持者描繪成異類和激進分子，這是以偏概全。有記者曾故意問動物權人士：「我們應該把人權給予猿人嗎？(Should we give apes human rights?)」[9] 這個問題揭示了部分人的錯誤觀念，以為賦予動物權利意味著賦予牠們人權。這當然是無稽之談！我們連何謂人權都沒有一個共識，各國的人民享有的權力也不盡相同，因此強行把人權和動物權扯上關係，只會讓問題複雜化，這也不是一眾權利派支持者所爭取的。事實上，我們不必也不應賦予人權給動物，牠們不需要人權，而是需要實際的生活保障和得到人類的善待。

有些學者認為動物權只是象牙塔內的空泛討論，我們應該專注於實際地推進動物福利。[10] 這想法很好，不過，鑽研關於動物權的討論仍有其價值。這個有趣的議題促使人去思考道德的本質，反省人與自然的關係，有時更揭露人類的集體虛偽。動物權聽起來荒誕，但與此同時，空泛的動物權論述其實也能為動物保護立法提供較嚴謹的理論基礎和方向指導，有助於動物福利的實際改善。在女性主義和關懷倫理興起之前，西方的動物倫理討論一直受到動物權和動物福利概念的支配。[11] 西方的動物權討論與其相對發達的動物保護法，並非偶然並存，而是相輔相成。

當然，在東方文化背景下，我們不一定要走同一條道路。向西方的理論和經驗借鏡後，我們可以主動發展一套更符合民情和自身文化的動物倫理。有中國學者提出，我們毋須視動物為與人類平等或者擁有權利的生命主體，我們可以視牠們為「特殊客體」，雖不如人類「高貴」，卻仍然是需要我們關懷和保護的對象。12 要推進動物保護，訴諸動物權並非必然和必要。假設有一個私人花園，裡面有一片草坪，上面有一個「請勿踐踏」的標誌。在沒有充分理由的情況下——不是人行道上有地雷，也不是正在被人追殺——我們是不會走到草地上的。這可能出於對花園主人的尊重，或出於不想破壞了草坪的生長，或僅僅是因為想要遵守標誌上所寫的規則。各種原因也好，但大部分的人之所以不走到草地上，都不是由於覺得草坪有權利不被踩踏。

舉此例是為了指出，我們不一定需要動用到「權利」二字來引導道德行為。草坪和草有沒有、能否有權利，這些都不重要。我們可以出於別的原因而維護草坪，也可以用其他原因來勸導大眾維護草坪。而之所以要盡量減少動物痛苦，要懲治虐畜行為，是因為這符合人的道德感受，只是順應著大眾良知，也同時因為殘酷文化不利於社會真正的和諧發展。動物本質上是否真的擁有權利，在此相對無關緊要。

動物權的概念對動物自身來說也毫無任何意義，聰明如大猩猩和海豚的動物，都不會了解何謂動物權。動物權的概念只對我們人類來說有意義，它是用來約束我們的行為，提醒我們什麼時候過份了。至於是否須動用「權利」這個詞，便取決於我們需不需要用到權利的論述，才能管束自己做正確的事，還是只需要有一種道德共識便足夠。如果人們的道德意識真有不足，那麼也許動物權的論述可以在推動動物保護上派到用場，而這個作用就是在法律層面上規範我們，提醒我們作為道德生物要對其他動物有所為和有所不為。

---

1 World Organisation for Animal Health (OIE), "Introduction of the Recommendation for Animal Welfare", *Terrestrial Animal Health Code* (Jun 28, 2019). From https://www.oie.int/fileadmin/Home/eng/Health_standards/tahc/current/chapitre_aw_introduction.pdf, retrieved 29-4-2020.

2 方青：〈「農場動物福利促進獎」探索農場動物人道養殖模式〉，《中國網》，二〇一四年十月二十七日。取自 http://www.dongbaowang.org/simple/?t21651.html，二〇一八年五月二十五日擷取。

3 嚴火其、李義波、尤曉霖、張敏、劉志萍、葛穎：〈中國公眾對「動物福利」社會態度的調查研究〉，《南京農業大學學報：社會科學版》，二〇一三年三期，頁九十九至一〇五。

4 Michael Balluch, "The Ban on Battery Hen Farming in Austria", *Paper presented at the National Animal Rights Conference, Auckland*, (Mar 28-29, 2009).

5 《荀子・勸學》

6 《遜志齋集》卷五《崔浩》

7 尤其見《莊子》各處。

8 動物權利主義者亦同樣關注人的狀況和壓迫某些人類群體的社會不公情況。著名動物權利主義者湯姆・雷根（Tom Regan）深信眾生均有其「本有價值」（inherent value），他批評惡性的完美主義，認為這種論調在歷史上一直被用來合理化奴隸制和男權統治。

9 Andrew Linzey, "What Prevents Us from Recognizing Animal Sentience?" , In Jacky Turner and Joyce D'Silva (eds.), *Animals, Ethics, and Trade: The Challenge of Animal Sentience* (London: Earthscan, 2006), pp. 68-78.

10 Robert H. Schmidt, "Why Do We Debate Animal Rights?" , *Wildlife Society Bulletin*, Vol.18 No.4 (Winter, 1990), pp. 459-461.

11 Carol Adams, "Caring about Suffering: A Feminist Exploration" , In Josephine Donovan and Carol J. Adams (eds.), *The Feminist Care Tradition in Animal Ethics* (New York: Columbia University Press, 2007), pp. 170-196.

12 呂航：〈我國動物福利立法現狀及發展〉，《法制與社會》，二〇一四年三十五期，頁二四一至二四八。

Chapter 16

人和動物之間有利益衝突時該怎麼辦？

這道問題一直困擾著西方的傳統倫理學界。西方倫理學比較著重倫理規條在應用層面的可執行性和實行步驟，總想發明一些倫理方程式，能指引人在每一個情景中應該做什麼和如何做。因此倫理學家會問，既然有感知的動物擁有道德地位，既然加害無辜生靈有違公義，那麼當人類動物之間有利益衝突時，我們該怎麼辦？明顯地，我們往往會犧牲動物而成全人。不過，讓倫理學家頭痛的問題是，如何能在倫理學上合理化這種做法？在這個僵局之中，東方的哲學智慧又能否帶來一些靈感？

在實際做法上，其實無論是東西南北哪一方，大眾早已假設人類利益比動物利益更重要。例如，吃肉者（亦即大部分人）便明顯假設了連人類的非必要利益（口腹之欲）也比動物的重大利益（生存）更重要。基於少數服從多數也好，基於什麼也好，我們可以先保留「人類生命比動物生命更有價值」和「人類生活品質比動物生活品質更重要」這樣的假設，甚至可以假設人類和動物不需要得到同等的道德考量。[1] 這些假設是一般大眾的共識，為了討論的緣故，讓我們先接納以上這些物種主義的假設——總以人為貴。在人類動物利益衝突中，假設我們支持人類一方。

即使人類生命在任何情況下都比動物生命更有價值，動物沒有人類那麼重要，但「沒有那麼重要」也不等於完全不重要或者非常不重要。譬如說，當災難發生時，我們自然會先救出自己的孩子，即使這意味著我們不得不讓鄰居的孩子處於危險之中，甚至喪命。這不是因為我們殘忍，或者認為他人的孩子毫無價值，亦不是因為我們不愛護他人孩子的性命。先救自己的孩子，只是因為我們當時被迫做出這個痛苦的選擇。雖然更重視自己的骨肉，但有機會的話，我們同樣會盡力營救他人的骨肉，因為別人家孩子的性命也是重要的。這像儒家所講的「愛有等差」概念，當中的等差並非高下之分，而是遠近之別，先後之別。[2] 人很容易因為認知失調（cognitive dissonance）而潛意識降低被犧牲一方的價值，然而上述這個等差之愛的極端例子顯示出，被犧牲一方有時是由於形勢所逼才被犧牲，不一定與其自身價值的高低有關。

關於人類動物的兩難題，有人曾提出過這樣的一個情景：在冰冷的海面上，有一艘正在下沉的船，上面載著四個成年人和一隻狗，而船上唯一可用的救生艇，卻只能容納四個生物。提出故事的人正是動物權利派的湯姆・雷根（Tom Regan），在動物保護運動中，他被視為一個思想較激進的人物。基於公平原則，我們猜想雷根會提倡船上的五位用抽籤來決定誰要被犧牲。可是，這位動物權之父卻表示，不讓狗上救生艇。雷根這樣解釋：死亡所造成的損害，主要在於它令死者喪失了多少享受生命的機會，而任何一個理性的人都會承認，死亡為這四個人中任何一人所帶來的表面損失，必然比為狗帶來的巨大，因此死亡為人所造成的損害，比為狗所造成的損害要大。對於狗而言，死亡雖然也是一種損害，卻不能與死亡對任何人的損害相提並論。3 用更淺白的話來說，雷根就是說我們可以假設——無論這假設是正確還是錯誤——這四個人中的任何一人的剩餘生命（指若能逃過一劫，他之後能擁有的生命時光），理論上都有可能比狗的剩餘生命更有價值和意義。基於這樣的信念，雖然狗的生命和人的生命同樣有其內在固有價值，但死亡為狗帶來的損失，比為那四人中的任何一人帶來的損失更小。所以，雖然誰喪命都不好，但狗喪命會比人喪命更好。即使把情況改成只有一個人或四隻狗能上救生艇，雷根也認為應該犧牲四犬以救一人。4

雷根也提及過「遇見獅子」的問題。當我們面對面碰上獅子或其他肉食野獸向自己進攻時，是否不能為自我防禦而攻擊牠，甚至殺死牠？否則，我們便是侵犯了野獸捕獵和進食的權利了。我們也不能殺死或控制傳播疾病的老鼠或昆蟲的數量，因為這會侵犯牠們的生存權和繁殖權。由於以上的結論聽來荒謬，也沒有一個社會真的會這樣做，所以有些人便認為，結論就是考慮動物的利益是不切實際，討論到此為止。雷根將這種錯誤的邏輯思考稱為「末日異議（Doom's Day Objection）」。5 事實上，如果有人或動物嚴重威脅我們自身的安全，則任何一種被廣泛接納的倫理觀，都會贊成我們可以在誠實平衡情況後，適度地行使自衛權。即使是其他人嚴重威脅我們性命的時候，我們也是可以採取方法自衛，就算這方法可能會導致對方死亡。這是因為在這種你死我活的時刻，我們是為了自保而別無選擇，卻不是因為他人的生命或利益微不足道。遇見獅子時，我們當然可以採取任何適當的措施（包括暴力）來保護自己和他人。害蟲泛濫時，我們也應該採取措拖保障社區的健康。

然而，不讓狗上救生艇、槍殺獅子和撲滅所謂的害蟲等等自保行為，不是值得慶賀的好事，只是在非常態下我們無法不作的事。有些人卻錯誤地認為「先顧人類，後顧動物」的論點，只能得出「只顧人類，不顧動物」的結論。沒錯，愛必有等差，而我們都能一致同意人類——我們自己的同種——是更重要，所以要先愛，先顧其利益。不過，真正的仁愛亦必須推愛，把仁善從近到遠推展出去，從至親、他人，至於萬物。[6]

當我們實在需要犧牲其他物種時，應該抱著怎樣的態度呢？明代思想家王陽明的看法或能帶來一點啟示。他提出了一些兩難情景：身體是一個整體，當比較重要的頭部有危險時，我們自然會用手足來捍衛頭部，那豈不是要犧牲了手足？但這樣做是合情合理的。動物和草木的生命，我們同樣珍愛，用草木去餵養動物，怎麼忍心呢？人和動物的生命，我們同樣珍愛，宰殺動物以供家人享用、供祭祀、宴客，又如何忍心？至親家人和陌生路人的生命，我們同樣珍愛，但當只有一簞食和一豆羹，誰得到誰就可以生存，誰得不到誰便會餓死，不能兩全其美，那就只能救至親，而不救路人，但心又如何忍得？[7] 在行為上，有時我們沒法兼愛，但在態度上，王陽明認為我們應抱「不忍」之心。當真的需要犧牲動物以保存人時，遭犧牲的動物不是從關懷清單中被除名，牠們的犧牲應該受到重視和同情，決定犧牲牠們的人應該是出於不忍、不情願卻別無他法的心態。在非常時期，我們可以「把手足捍頭目」，但危險過後，我們要為因「捍頭目」而受傷的手足療傷。8

在王陽明身處的社會年代，吃肉對一般家庭來說是必須的常態，但他對於這一社會現實，並非被動接受，而是提出人對於宰吃動物一事，也應該抱有不忍之心。「忍」是在迫不得已的兩難處境中所出的下策，因此當一個人要被迫出此下策時，良心自然感受到「無法排遣的遺憾」，因為心中希望兩全其美，卻又無法兩全其美。9 至於應否奉行「忍」之策，重點在於是否存在一個無法兩全的情境。那麼，以吃肉一事為例，在今時今日吃肉還是不是無可避免呢？或者，吃那麼多肉有沒有需要呢？正如殷海光先生在其著名的文章〈人生的意義〉中所言：「萬不可在自己的生存並未受威脅時為了換取現實利益而犧牲道德原則。」若然我們習慣了在不需要或不應該「忍」的時候，依舊採用非常時期的行動指引，「忍」便會變成了封閉良心、麻木不仁。

其實，所謂人和動物之間的「利益衝突」一詞往往帶有誤導成分。這「衝突」不是我們一般理解，屬於兩者對立的衝突。我邀請讀者想一想，在日常生活中，究竟動物的生存有沒有嚴重危害到人類的利益？抑或是我們的行為更常直接和間接影響到動物的生活和生存？在我們和動物之間，到底是一場利益衝突，還是單方面的壓迫呢？

現況是，人類經常為了一些無關緊要的小利益而折磨動物。在飲食方面，我們其實擁有營養豐富的蔬食作為肉、蛋、奶的替代品。蔬食的污染更少，更環保，更健康，甚至可以更美味。就算非得吃動物製品，我們也可以改變農業方式和做法，使其對動物和環境更友善，讓動物樂活善終。沒錯，這樣可能意味著需要一些改變，吃肉成本可能會上升。不過，我們的口腹之欲和一時便捷，難道真的值得令動物一生受苦？牠們不會控訴人類，但我們可以自省。

至於動物實驗，這世上有些實驗實在是不應該進行的，有些所謂的「知識」可能真的是禁果。如果該實驗是為了拯救人命或顯著改善大量人類的生活狀況，而且除了動物實驗便別無他法，那麼這實驗也算是可以接受，是需要「忍」。但是，如果實驗的目的不能充分滿足上述條件，我們便必須三思、四思而行，究竟是否真有必要犧牲動物？而且，生物技術一日千里，動物實驗的替代技術廣泛存在，甚至更為精準。科研機構是否有道德責任去積極開發和採用替代技術，而非一味地「忍」？

另外，有些人認為，觀看動物表演和動物展覽也算是重要的娛樂，是傳統，是文化，不能取締。雖然動物會在訓練中受累受苦，野生動物要終生被困養，但是人類觀眾可以從樂園中得到極大的樂趣和享受，所以犧牲動物的利益也是值得的。此時，我們要停一停，想一想，如何衡量動物的犧牲是否值得？這真是一個需要「忍」的時候嗎？動物娛樂是否「重要」，見仁見智，不過卻不是「必要」的。除了動物表演，我們可以通過其他娛樂獲得類似的樂趣和享受，例如觀看3D電影或者觀看不涉及剝削和被迫勞動的人類雜技表演等等。[10] 現代人有太多的娛樂來源，任何一種動物表演都不是我們獲得樂趣的必經之路。既然有替代辦法，那麼便不存在需要忍心犧牲動物的情況。再者，如果一個人知道絕大部分牟利的動物園是如何剝削動物後，仍然可以繼續享受參觀動物園和觀賞節目，也許這個人的道德觀也是有問題的。

動物園之類的場所，同時也可能造成人類與動物非必要的衝突。被圈養而變得性情暴躁和對人類產生敵意的野生動物，無疑會危及照顧人員的人身安全。而動物逃出或者部分不守規的遊客故意靠近甚至「逃入」籠子等事件，往往收場便是人命傷亡。因悲劇送命的通常不只人類一方，「不聽話」的那頭動物後來往往也會被園方實施報復性懲罰（殺死）。明眼人也知道動物在事件中本來無辜，但因動物園本身便是象徵人對動物的完全支配，動物攻擊照顧人員或遊客的事情打破了這種狀態，不論始作俑者是誰，動物園也必須「撥亂反正」，即殺死不受支配的動物。然而撫心自問，若非人類圈禁野生動物在先，這些悲劇本不會發生。

至於真正威脅到人類重大利益的「害蟲」和「害獸」問題，我們已經有了人類優先的普遍共識，所以這些情況很容易處理。不過，我們應該盡可能以最人道的方式去做，以「忍」的心態去做。在去除害蟲害獸的同時，謹記世上其實沒有客觀的「害蟲」和「害獸」。所謂有害，是人類中心主義的價值判斷，「羊豕以其利於己也，而愛之；豺虎以其害於己也，而憎之」。羊和狼都只是在做羊和做狼，順天性而已。「天之賦物，惟有生理，騶虞之不殺，豺虎之食人，總是率性，於人有何恩怨？」11 羊不優越，狼不卑劣，虎豹傷人，也不是因為憎恨人類。

誰是「害獸」完全視乎觀點與角度，王陽明指出：「子欲觀花，則以花為善，以草為惡。如欲用草時，復以草為善矣。」他同時相信如果「草有妨礙，理亦宜去」，12 不過他強調我們需要省察己心，「除草」的時候，我們抱的是什麼心態呢？王陽明的寓言以草為主角，指出人類判斷的主觀性，草無痛覺，情況較易處理。若然說到人類的近親——動物，我們要將之除去時，便必須考慮到動物有感知這一點。作為人，就算必須為生存和生活而殺死其他生物，我們亦有道德責任去減低牠的痛苦。而且，殺戮應是無計可施時才用的手段。「周公驅猛獸，程子放蠍，皆不殺之。」[13] 面對所謂害蟲和害獸，我們可以驅趕、躲避、遠離或放返野外。而在控制其他物種的數量時，透過絕育來防止更多新生命的出現是上策，把已存在的生命人道毀滅是下策，毒殺和殘殺的手段更是下下策。

在我寫作本章之時，香港正有猴子和野豬滋擾市民的問題。在本港，這些動物缺乏天敵，而相關部門當初未有及時制定和實施控制數量的人道措施，例如「捕捉、絕育、放回」計劃（Trap Neuter Return，簡稱 TNR），因此牠們的數量變得越來越多。再加上有部分不知情的「好心」人非法餵飼，令本來生活在山林和郊野的猴子和野豬，更漸漸把活動範圍擴大到近郊甚至市區。不過，在我們覺得生活受到滋擾的同時，不要忘記這片土地確實也是牠們的家。如果這些動物在這裡出生了，牠們就有在這裡生存和生活的天賦權利，因為地球上的土地不僅僅是供人類立足的。

不少人認為香港是一個只有人多、車多、高樓多的「石屎森林」，殊不知這個城市內亦有許多美麗的郊野地區，當中住著各種大小動物。只要走近自然，放輕腳步，留意四周，大家有可能會發現在路旁散步的野豬，甚或比較害羞少見的東亞豪豬在山坡覓食。

筆者攝。

* 拍攝野生動物時，切勿使用閃光燈，亦應保持距離和不要太大動作，以免驚擾牠們。遇上帶著幼崽的母獸時，宜保持更遠距離。

1 事實上，在一些非常特殊的情況下，人們也不一定一面倒認為人命必然比物命貴重。譬如說，如果在以下兩者中你只能保存或延續一條生命，你會選擇讓誰活下去？一個拐賣兒童集團的主腦，還是家裡飼養了十年的狗？在實驗室內培育、父母身份不明、四個月大的人類胚胎，還是一頭極度瀕危、全球數量不足二十頭的長江淡水海豚？一個連環殺人兇手，還是一匹與你素未謀面的馬？根據不同的哲學和道德立場，每個人都可能有不同的選擇。這說明了我們對人類性命的偏愛，也不是絕對的。

2 馮友蘭：《中國哲學史新編》（北京：人民出版社，一九八五年），頁九十二。

3 Tom Regan, *The Case for Animal Rights* (Berkeley, CA: University of California Press, 2004), pp. 324-325.

4 同上。

5 （美）湯姆．雷根（Tom Regan）著，陳若華、林云也譯：《打破牢籠》（台北：中華民國關懷生命協會，二〇一六年），頁九十。

6 同註2。

7 原文：「比如身是一體，把手足捍頭目，豈是偏要薄手足？其道理合如此。禽獸與草木同是愛的，把草木去養禽獸，又忍得？人與禽獸同是愛的，宰禽獸以養親，與供祭祀，燕賓客，心又忍得？至親與路人同是愛的，如簞食豆羹，得則生，不得則死，不能兩全，寧救至親，不救路人，心又忍得？這是道理合該如此。及至吾身與至親，更不得分別彼此厚薄。蓋以仁民愛物皆從此出，此處可忍，更無所不忍矣。」（《傳習錄．門人黃省曾錄》）

8 陳立勝：〈宋明儒學動物倫理四項基本原則之研究〉，《開放時代》，二〇〇五年五期，頁五十五至六十七。

9 Antonio S. Cua, *The Unity of Knowledge and Action: A Study of Wang Yang-ming's Moral Psychology* (Honolulu: The University Press of Hawaii, 1982), p. 40.

10 Cheryl Abbate, "Virtues and Animals: A Minimally Decent Ethic for Practical Living in a Non-ideal World", *Journal of Agricultural and Environmental Ethics*, Vol.27 (May, 2014), pp. 909-929.

11 《明儒學案》卷二十七《南中王門學案三》

12 《傳習錄．門人薛侃錄》

13 同上。

Chapter 17

人類要對動物多好才足夠呢？

動物天生天養，就算沒有人給食物，沒有人為牠們建造房屋，沒有人愛，牠們也能生存繁衍。為什麼我們又要設立流浪動物收容所，興建黑熊救護中心，並且要立法保護動物？雖說動物可以天生天養，能自理自衛，但在現實情況中，人類憑著頭腦和科技，卻的確可以隨意凌駕其他動物，並大幅影響牠們的生活——我們確實也在如此作。我們需要流浪動物收容所，因為我們的城市對非人動物往往不怎友善，到處充滿著奪命的陷阱。我們需要黑熊救護中心，因為有些人為了榨取熊膽牟利，令這些強壯美麗的熊終生殘缺，不能再在野外存活。我們需要動物保護法，因為人類對動物的無上權力，不能沒有限制。人類本來的確不欠動物，不過因為有人做了不應做的事，或者沒有做應做的事，令動物受害，我們才會需要做額外的事來幫助和保護牠們。

在第四章我寫過，我們應該尊重和愛護動物，然而要有多尊重和多愛護呢？是否不能殺死任何動物來滿足口腹之慾？是否不應該監禁任何動物以作觀賞或娛樂之用？在理想的世界裡，或許是的。但在現實世界裡，這個「是」恐怕沒有意義，因為暫時不太可能實現。動物長期被視作資源，因此人類以為可以對牠們肆意利用。尊重和愛護動物的第一步，就是意識到牠們不僅是資源，更是有感知的資源。有了這份認知，便不難看到為何不應過份剝削動物，因為牠們如同我們一樣有知覺和情感。或許有一天，待人類社會的道德觀進一步演化後，我們可以不只把動物視作有感知的資源，而是有感知的生命主體。

暫且先把動物視作有感知的資源，這已經夠好。然後，我們可以帶著這份認知去反思人類使用動物的方式。在取用動物的勞力、自由和生命時，有否盡量尊重該動物本身的「動物性」？[1] 馴馬、馴狗作賽跑用是否濫用了牠們的天性？動物園圈禁猛禽和野生動物是否令這些動物漸漸失去本性和本能？密集式的禽畜養殖場有否照顧到各種農場動物對空間、社交和環境的需求？

現時，絕大部分的人都吃肉。宰殺動物也許無可避免，但折衷來説，士可殺不可辱，動物也一樣。殺是一回事，只是問題的一部分，卻不是最重要的。為何而殺，以及如何殺，是更值得深究的問題。經濟動物為人類貢獻一生，往往還不得善終。我們大部分人都消費過牠們的生命，若不盡量補償牠們，便是忘恩負義。我們並不「擁有」任何動物，就算某些動物是因為人工配種而生，但是動物本來便能自行交配，繁殖後代。再者，即使一隻動物完全是依靠人為的幫助才生於世上，也不等於説我們可以對牠為所欲為，道理等同我們也無權肆意虐待自己的親生孩子。動物亦沒有「欠」我們，就算某些動物是完全吃人類投餵的飼料而成長，但是牠們在自然環境裡，其實也可以自己覓食生存。一些被馴化了的動物可能真無法在野外存活，不過，那也是因為人類祖先故意將這些動物馴化在先。既然人類不擁有動物，動物也沒欠人類，那麼我們憑什麼要動物無償地為我們的各種利益而受苦和犧牲？

上班時，老闆會付工資給我們，但老闆並不擁有員工，不能要求下屬做任何令人覺得受到侵犯的事情，而且必須尊重下屬作為一個有感知的人會擁有的一些生理和心理需求。同樣地，根據物種和生命階段的不同，為我們服務的各種動物也具有比人類更簡單或複雜的需求。人類作為牠們的「老闆」，在牠們身上獲取資源和利益的同時，也應當尊重並盡量滿足這些需求。譬如說，我們知道動物都是求生懼死，趨樂避苦。就這兩個願望來說，前者我們可能無法滿足，因為動物的死亡經常難免是人類取用牠們作為資源（例如肉和皮毛）的必然結果。至於後者，在許多情況下，我們確實可以滿足這個小願望。動物的痛苦是我們取用牠們時的副產品，但這副產品並非必然，絕對可以避免或減輕。

對於經濟動物——尤其是食用的禽畜——來說，減輕痛苦的人道屠宰固然是一大福音。不過，即使宰殺動物時已經設法無痛地屠宰，我們也是提早結束了這隻動物的生命，並且剝奪了牠若繼續生活下去可能得到的未來生命享受。造成這損失和悲劇的，是我們這些要吃動物的人。要收復這道德失地，至少我們應該為這些動物提供一生的妥善照顧，並實際地訂立法例保障牠們的待遇。在人類社會能夠轉型至植物性飲食之前，我們也只能這樣做作為補償了。

為了教育、保育、研究和娛樂，人類長久以來便把一些野生動物圈養在動物園中。大多數對外開放的動物園，主要收入來源都來自最後一項目的——娛樂，因此他們也在此領域最花心思，投入最多資源。在本質上，飼養動物作為觀賞對象時，如果動物的福利需要能在人工的生活環境中得到充分滿足，牠們在人類的照顧下也可以生活得很好，生病亦可得到照料，那也不一定是不道德的。動物園的主要問題，是因為它往往未能滿足野生動物的福利需要，尤其是空間需要。此外，在動物園的背後，野生動物當初如何被捕捉和運輸，當中動物所受的折騰以及沒命到達目的地的屍體，是公眾看不見的。動物園對「異國風情」動物的需求，更是助長了野生動物的非法偷獵和買賣。[2]

照顧貓狗並不容易，飼養野生動物就更難了。野生動物的需要比經過上千年人類馴養的家畜和貓狗等伴侶動物要更複雜，識別和理解牠們的需要不是一件容易的事。對於很多野生物種而言，讓牠們在野外自生自滅，反而是最好的，除非該物種瀕危而真的需要保育。許多野生動物例如大象和大型貓科，牠們需要的生活空間比任何動物園所能提供的要多。比較「高等」的動物有著更複雜的心理和社交需求，即使身體健康和得到溫飽，圈養生活仍然會使牠們痛苦。動物也會像人類一樣感到沉悶，牠們在無聊的封閉環境中會表現出沮喪和焦慮的行為，例如過度拔毛和沉迷踱步。無可否認，圈養環境通常比野外更安全（除非有變態遊客），但挑戰性和刺激也比較欠缺。因此，良好的動物園需要為動物建造有足夠空間和豐富事物的飼養環境。除此之外，「休息時間」和躲藏處亦非常重要。可以選擇的話，大部分野生動物都會盡最大努力來避免見人。如果動物園整天把動物展示於遊人前，這會嚴重影響牠們的生活素質，特別是對一些比較敏感的物種來說。據研究發現，遊客的存在大大提高了動物表現出異常和侵略性行為的頻率，例如猛撞玻璃或欄杆、露出牙齒和過度拔毛等等。[3] 因此，動物園應該確保動物每天都能有不需要見人的時段和空間，即使這意味著公眾的樂趣可能會「受損」。

除了圈養動物作觀賞用外，另一種原則上不涉及從動物身上索取肉和皮毛或要求牠們勞動的「使用」，便是飼養伴侶動物或寵物。因為喜愛、好奇、跟潮流、想獲得陪伴或希望跟動物一起生活等種種原因，很多人也會飼養伴侶動物，種類上至飛鳥，下至爬蟲。部分動物權學者例如格雷．弗蘭喬（Gary L. Francione）認為，飼養伴侶動物也是對動物的一種剝削，馴養動物供人所用（包括作為寵物）本身便是人類至上主義的展現，侵犯了動物的主體。然而，從實際福利角度看，如果沒有從動物身上索取肉或皮毛，或要求牠們勞動，那麼在動物得到適當照顧的情況下，牠們作為伴侶動物的角色，理應不會帶來痛苦。[4] 大部分正常的飼主，都會真心希望和盡力確保所飼養的動物健康快樂。「傳統」伴侶動物例如貓和狗，更是會享受人類的陪伴。因此我認為飼養動物作伴侶或觀賞對象的對錯，主要視乎飼主是否能滿足動物的物種和個體福利需要（和動物園的問題一樣）。在這前提下，以籠或腳鏈養鳥、以細小魚缸養魚或龜這些種種，因有違動物的需要和天性，所以是不當的。而飼養野生動物包括浣熊、豹貓、水獺以及近年在香港流行的刺蝟等等，基本上也是不妥——除非你有足夠空間和知識去複製牠們的原生境，並願意大部分時間都不打擾牠們（包括觸摸和注視）。

此外，從更宏觀的層面看，對伴侶動物的需求也造就了以利潤而非動物為本的寵物繁殖業。由於大部分的繁殖場所都不在公眾視線內，因此駭人的虐畜或疏忽照顧事件時有發生。就算未至於虐畜，商家也無可避免會把繁殖用的動物（尤其是雌性）視作生育機器，令動物的生理心理長期受壓。而對某些特徵例如扁鼻、體長等的追求，亦推動商家進行選擇性配種，繼續繁殖出容易患有呼吸或脊骨問題的品種，令這些動物基本上一出生便注定遲早會受某種病痛困擾。在選擇飼養哪種伴侶動物、購買還是領養甚至到底要不要養時，以上都是應該考慮的因素。如果做到誠實地為動物的福祉著想，我相信人類飼養動物作為友伴或觀賞對象，理論上可以是（難得的）互利互惠的雙贏關係。

至於為科研「獻身」的實驗動物，是否便愛莫能助呢？早年跟一位社科系的教授聊天，她語重心長地告訴我，最好不要碰實驗動物這一塊，尤其是有關科研和醫學的，因為人類的知識增長和壽命延長是無限重要，要為動物說項，很難說得過去。這位教授同樣是一位熱心的動保人，她的顧慮我完全理解。想要保護實驗室裡不幸的白老鼠、兔子、猴子、貓和

筆者學畫畫的畫室中有一位常客，是來自旁邊店舖的一隻雌性英國短毛貓花花。牠曾在繁殖場中生活過兩年，後來被現在的養主帶走飼養。縱使已經脫離「生育生涯」一年多，花花偶爾仍有一些行為問題，例如會過度舔毛以致身體某些部分變得光禿禿。

筆者攝。

比高犬，確實比較艱難。但是，或者有某些科學知識是我們不應該追求的，知識不一定是無限重要。如果在動物實驗中使用人類甚至嬰兒，我們肯定能獲得更多知識、科技和醫學上的進展——比起使用動物及動物幼兒來說。但是，我們為什麼不那樣做呢？因為把關的人尚知道，人性和道德先於科學發展。那麼，既然實驗室內的動物同樣是有感知的生命體，除非實驗帶來的痛苦很微小，而且實驗結果對人類福祉極重要而實在無法以其他方式獲得，否則，任何形式和目的的動物實驗都不應該進行。動物是有感知的資源，其「有感知」的特質，先於作為「資源」的身份。只有當對動物施加的痛苦實在是最低程度和極其短暫時，我們才應該將動物用作實驗資源。

上段是我對於實驗動物狀況的理想化寄望。事實上，現時每年全球仍有超過一億隻動物被用於會令牠們受苦的實驗中，所以我們離我的寄望還有一段距離。不過，人類的確是會進步的。現在絕大部分發達國家中的學術和研究機構，都會在牽涉動物的實驗中實行「3R」原則。「3R」就是取替（replacement）、改善（refinement）和減少（reduction）——盡量以其他實驗方法取替動物實驗，將實驗完善至接近零痛苦和零不適，以及把用於實驗的動物數量減至最少。其實，「3R」不只可以應用於實驗動物，在所有其他使用到動物的範疇，我們都可以以「3R」為原則去改善。

其實所有人的心中早有一把尺，可以用來決定我們對動物（或者他人）是否「夠好」，那便是「黃金規條」（Golden Rule）。黃金規條是少有同時存在於世界各地不同宗教和哲學思想的概念。《新約聖經》記載，耶穌説過：「你們願意人怎樣待你們，你們也要怎樣待人。」[5] 這是基督宗教的主要精神，卻不是他們獨有的，古希臘哲學家愛比克泰德（Epictetus）和畢達哥拉斯（Pythagoras）、古羅馬斯多亞學派哲學家塞內卡（Seneca）、古印度的著名思想家和佛教創始人釋迦牟尼、泰米爾詩人和哲學家提魯瓦魯瓦（Valluvar）、伊斯蘭先知穆罕默德以及儒家聖賢孔子也有極其相似的教導。黃金規條的大意其實就是「推己及人」和「己所不欲，勿施於人」。

如何把黃金規條應用在動物倫理的問題上？己所不欲，勿施於動物？但是你不喜歡的事，可能我喜歡。同樣地，人不喜歡的事，例如在漆黑寒冷的深海生活或者在飯後吃沙子，有些動物倒是享受。所以，那句話不能按字面最表層意思來理解，應理解為「人類不欲自己的身心需求和喜好被漠視，所以也不應漠視動物的身心需求和喜好」，亦即是説，如果我們推己及物，便應該考慮動物的感受和需要。在實行層面上，我們不能單純地以人類本位的角度和感受去決定該如何善待動物，要作出「有證據支持的主觀判斷」（evidence-based subjective judgement）。

科學能夠大大拉近人類對動物福利的理解與動物本身的實際福利需要之間的距離。我們的確可以知道動物想要什麼和喜歡什麼。動物不是二元的情感反應器，並非只有飢餓或不飢餓、痛苦或不痛苦的狀態。在不同的農業養殖模式和環境下，牠們可能會或多或少地感到飢餓，或多或少地受到驚嚇，或多或少地感到痛苦。通過觀察動物行為，我們能夠知道並量化各種感覺對牠們的重要性。譬如說，在一項「推門實驗」中，研究員發現一隻母雞在非常飢餓的時候，會願意花上「十度」的力氣來推門，以取得門後的美食。而當這隻母雞不那麼餓時，牠只肯花「五度」的力氣，還不夠的話便會直接放棄。通過類似的實驗，我們發現原來巢箱（nesting box）對母雞來說非常重要。知道自己即將下蛋的母雞願意盡無限的力氣（直到牠筋疲力竭）來得到一個巢箱。6 由此可見，為雞媽媽提供巢箱是一件比起餵飽牠們更重要的事，在改善動物待遇的角度來說十分值得做。研究亦可以告訴我們豬、牛、羊是比較喜歡吃，還是比較喜歡與自己的同類在一起。只需要提供兩個區域讓動物自由選擇，一個區域有大量食物但沒有同伴，而另一個則有其他同伴卻沒有任何食物。然後，我們可以觀察動物的選擇，大部分時間牠們喜歡待在哪一個區域？飢餓程度會否影響牠們的選擇？7 如此類推，要理解動物的視角，並非不可能的事。

如果大家同意道德的要求就是「己所不欲，勿施於他者」以及「願意人怎樣待自己，自己也要怎樣待人」的話，那麼，想想假如自己是該動物的時候希望被怎樣對待，我們便應該怎樣對待該動物。倫理哲學家約翰・羅爾斯（John Rawls）在《正義論》（A Theory of Justice）一書中，描述了一個創建公平社會的方法，或能在動物倫理方面帶來啟發。羅爾斯提出，在制定社會契約時，我們首先要想像自己身處「原初立場」（original position），所有契約訂立者被蒙上一層「無知之幕」（veil of ignorance），猶如未生於世上的靈魂，不知自己將降生何處，所以亦不會知道自己的身份、地位、興趣、個性、愛好、經歷等等個人特徵，而僅僅保留著知識和基本道德觀念。在「無知之幕」背後，所有人都是客觀的，不可能主觀，因為人人都失去了對自我的認知。羅爾斯相信，在這「原初立場」中，每個理性的人為了確保在將建立的社會中自身權益不會受到侵害，必定會制定出一個最能保障各階層基本利益的契約。因為，若然契約中有不公和偏袒的地方，每個人都有可能是其受害者，他們無法肯定自己將會處於得到額外利益還是受到侵害的一方。因此，理性的思考者會支持一個能最大程度地保障所有人的基本福利的社會方案。

現在，讓我們假設輪迴是真有其事（誰知道呢？），在我們死後，我們會重生於世界，並且有機會重生為另一種生物。想像一下，如果在來世你會成為一隻牛，而且降生於生產肉類的養殖場，那麼在短暫的數年生命中，你會希望得到怎樣的待遇？如果是我的話，我應該不會祈求得到財富，因為錢對於作為肉牛的我無濟於事。我大概會希望過上舒適的生活，有天然和充裕的活動空間，可以看到太陽，可以在草地上開餐和與同類玩耍。在我生產小牛之後，我希望我們不會過早母子分離。在不可避免的屠宰日來臨之前，我期盼一生少病少痛，不用受飢受寒。在被屠宰時，我希望可以從開始到結束的一刻，我都不知道發生了什麼事。

動物福利的水平很難制訂嗎？大家可以踏到「無知之幕」背後，在這個將建立的養殖場中，每位都可能是人或者牛，在把規則訂立好之前，無人知道。由於你可能是偶爾喜歡吃牛排的人，你大概不會提出不能宰殺任何牛隻的強硬規例。與此同時，由於你也可能是要為人犧牲的肉牛，所以你應該會支持一些能保障牛得到妥善照顧和人道屠宰的規則。這項思想實驗亦能顯示出，保障動物福利實在是理性的做法。

現代城市人的成長經歷多半都是先見牛排後見牛，先見雞腿後見雞。我們每天都在餐桌上看到動物，與動物有非常親密的接觸（牠的身體部分成為了我們的身體部分）。不過，有多少人跟活著的豬、牛、羊交流過？有多少人凝視過市場上鯉魚的眼睛？有多少人感受到在籠裡踱步的野生動物的焦躁不安？動物產品和服務的消費者很多時候都在運用「不知情」這塊黑布來隔開自己的良心與現實真相。有見及此，動物福利的最低要求也可以如此定義：給予動物的待遇即使讓普羅大眾知情後，大家良心也不會難過，易地而處亦不會感到心寒。如果做得到這一點，按目前來說，也算是對動物足夠好了。

這個虛無飄緲的準則當然只是一個起點，但在畜牧業、實驗室和動物園的許多方面中，現時人類對待動物的方式連這要求都達不到。人類不應一直只對動物予取予求，而逃避相應的道德責任。至於如何定義良好福利，可由業界、政府、生態學家、動物行為學家、動物福利學家、倫理學家等人士，加上諮詢大眾消費者再作定義，至少我們需要進行這樣的討論。而除了通過法規保障動物福利外，還需要配合產品標記系統來區別出良心農場和生產商，以便公眾可以選擇，而不再蒙在鼓裡，被迫支持虐待動物的生產者。只要我們願意走出「不知情的黑布」，其實不難領悟正確對待其他生靈的方式。

月熊 Dung 和 James 在 2012 年從老撾被販運到越南時被當局沒收，及後暫住在越南春蓮自然保護區。由於兩隻幼熊的健康欠佳，James 更因白內障導致失明，因此不能按原定計劃放歸野外。在 2014 年，牠們獲救至亞洲動物基金的越南黑熊救護中心。後來經過中心獸醫眼科專家悉心治療，James 更恢復了視力。Dung 和 James 現在是中心裡的一對好朋友。

相片由亞洲動物基金（Animals Asia）提供。

熊膽農場的黑暗日子令月熊 Kevin 失去了一條腿，但牠仍然是個樂天派。獲救後牠住在亞洲動物基金位於中國成都的黑熊救護中心，外號「派對開心果」。

相片由亞洲動物基金（Animals Asia）提供。

1 鄧永芳、劉國和：〈莊子動物倫理思想探微〉，《阜陽師範學院學報（社會科學版）》，二〇一二年一期，頁三十二至三十五。

2 Paul Waldau, *Animal Rights: What Everyone Needs To Know* (New York: Oxford University Press, 2010), p. 138.

3 "Environmental enrichment", *Universities Federation for Animal Welfare*. From https://www.ufaw.org.uk/why-ufaws-work-is-important/environmental-enrichment-3, retrieved 1-5-2020.

4 雖然被飼養的動物會「失去自由」，但在適當照料下牠們也得到食物和安全保障，病痛得到治療。和人類不一樣，只要有設計合適的居所和足夠的活動空間（足夠的定義視物種而定），動物不一定也會因為「自由」的喪失而受困擾。

5 《路加福音》第六章第三十一節（思高本）

6 John Webster, *Animal Welfare: Limping Towards Eden: A Practical Approach to Redressing the Problem of Our Dominion Over the Animals* (Universities Federation for Animal Welfare (UFAW), 2005), p. 54.

7 同上，頁四十八。

Chapter 18

我可不可以在關心動物的同時，亦吃動物的肉和使用來自動物的產品和服務？

如果這本書不是完全失敗之作，相信讀者看到這一章的時候，內心已經歷了一些掙扎。大家或者覺得，自己的確很想幫助動物，至少不願傷害牠們。但再回頭看看自己的生活習慣，便覺得——算了吧！

不穿皮草，不看海豚表演，對大部分人來說都不會很困難，而且亦有省錢這一好處。但肉食文化尤其「深入民心」，很多想幫助動物的人也過不了吃肉這一關。我不會用花言巧語哄騙大家，從吃肉轉為吃素的確是大工程，在心理上和操作上都需要一點適應期。除了生於素食家庭的「天生素食者」外，很多人都是當了多年的吃肉者和動物使用（剝削）者後，才漸漸關注到動物的待遇，開始意識到並會反思自己與動物的關係。因為肉吃多了，所以開始注意到盤中肉的來源。動物使用者漸漸有了關心動物的情感，是十分正常。但這情感來了之後，不代表我們自然便能輕易改變多年來的生活習慣。所以，有些人在面對這種兩難時，會選擇控制自己的想法，而不是改變自己的行為。我們會告訴自己：反正我幫不上忙，別管了，大家都這樣吃肉，沒事沒事。

但變得麻木是不是唯一出路呢？吃肉者是不是便沒有資格去幫助動物呢？我們都怕被稱為偽君子，所以很多人以為，如果我做不到徹底不傷害任何動物，那我便稱不上愛護動物，反正我都稱不上愛護動物，便無謂去嘗試幫助任何動物。這其實是無建設性的完美主義。我反而想送給仍在吃肉的讀者們兩個好消息。

↙你可以在關心動物的同時，亦適度地吃肉和使用來自動物的產品和服務，不一定要壯烈犧牲往日的「享受」。

↙幫助動物的方式有上百種，每個人都有能力，包括吃肉者和衣櫃裡仍有皮草的人。

我深知以上兩點聲明很容易惹來批評，因為在理想世界裡，關心動物的人是不可能為了暫時的享受而永遠奪去一隻動物的生命。但我們不是住在理想世界裡，在這地球上，我深明許多人並不心懷惡意，他們想關心動物，哪怕只能以微小的方式。他們也因為各種原因和壓力，未必能付出更多。如果動物保護運動不願降低門檻，從第一天便把這些人拒諸門外，那實屬不智。

在現今背景下，只要動物的感知能力有被認真考慮到，而牠經人類飼養時得到了適當的尊重和愛護，被屠宰時的痛苦被減至最少，那麼使用該動物作為資源甚至食物，也不算大罪過。「君子有所為，有所不為」，也有所吃，有所不吃。而判斷為與不為、吃與不吃的準則，我的回答是視乎動物被取用時，人類有沒有顧及到動物是有感知的資源。

如果我跟大家說：「你們要不就從現在開始停止吃肉，不然就不是真心關心動物」，這也太令人沮喪了。事實上，我們不必把自己和他人推入這個困難的境地。如果大家無法完全停止吃肉，可以盡量選擇購買標明採用自然放養方式的動物產品。如果所處的地方很難找到這種產品，那麼至少試試減少每餐的吃肉量，或者增加吃素的頻率。就算我們只是偶爾才吃一兩頓素食，或只是日常三餐減少吃肉的份量，這樣已經很好。如果你決定每週一天吃素，另外六天「如常」，也非常好。其實，每當有七個人決定每週有一天吃素，那麼這七個人加起來的影響，便已經等於一個素食者。而每當有四個人決定每週兩天吃素，他們的影響更是要比一個素食者大！沒錯，一些動物仍然會因為你每次吃肉的決定而受到傷害，但同時你每次減少吃肉的決定也拯救了一些本來不會被拯救的動物。所以，這樣做的你並不是偽君子，那些質疑你而自己卻不行動的人才是。

有時候形勢所逼，在某些情況下大家可能覺得自己「必須」跟其他人一起吃肉或動物製品。我的建議是，沒關係。筆者也是一個彈性素食者，可以的話我盡量吃蔬食，但有時也吃肉。彈性素食者對動物和環境的幫助當然比不上純素食者，可是兩個彈性素食者或者「半素食者」所帶來的改變，要比一個純素食者大，因為這兩人會各自影響自己的社交圈子內的親朋好友，而一個純素食者頂多只是一個影響點。所以，我從不在純素食者面前覺得慚愧，因為我等於了零點七個他！

而且，我雖然只是零點七個素食者，但我所寫的這本書可能會在讀者心中播下種子，讓一部分讀者有天成為純素食者或者零點九、零點四、零點七個素食者。若然我當初因為自己無法成為不折不扣的純素食者而自卑沮喪，完全放棄為動物出一分力，這本書也不會面世。所以，其實素食與肉食之間，還有很多各人可以舒適站立的位置，大家可以在自己的位置上發揮作用。

身邊常有朋友與我反映，想試試吃素但發現很難持續，尤其是外出用膳時，素食的選擇始終比較少。我則會回應道：能選擇吃素或想吃素的時候，才吃素便可，不須做到百分之百。每一頓的素食，你都已經拯救了一些動物。就算大家真有成為純素食者的心，也要知道大部分純素食者都不是一步登天，某天睡醒便不再沾染腥葷，這是極罕見的。所以，不要因為自己偶爾大魚大肉了一頓，便因自責而徹底放棄。跟朋友出去吃飯，偶爾吃了一頓很多肉的火鍋後，何不在接下來的一星期裡吃幾頓素食？肉吃多了，之後便少吃點肉，沒什麼大不了。

同樣地，如果有朋友找你去看動物表演，而你難以拒絕，也不用太難過。雖說每個人的行為都有影響力，但是去那一次半次也不是很嚴重的事情。反而，我們可以試著利用機會，引導朋友去思考一下動物表演的道德問題，又或者自己也可以趁機好好思考一下！另外，如果有人送象牙、皮草等野生動物製品給你，也不用板起臉。你可以謝過他們的心意，有機會的話便溫和地告訴他們這些物品背後的故事。如果當時實在無法拒絕或表達立場，不妨之後捐款予應對這些問題的動物保護組織，嘗試「補救」。你接收的皮草可能毀了兩、三頭貂的一生，但你可以在之後用資源或行動去拯救兩、三十隻，甚至兩、三百隻貂免於厄運，以作補償。

面對關心動物和剝削動物的兩難，我們可以採用以上種種的折衷方法去自處。其實，在很多情況下我們仍有作出選擇的餘地，不一定要違背良心或者變得麻木不仁。無論用什麼方法也好，不要選擇扼殺自己對其他生靈的同情心。

Chapter 19

動物的處境有可能得到實際改善嗎？

每個人每年至少決定了約十八隻有感知動物的命運（未計水中動物）。1 這數字是學者將每年直接被人類支配和使用的陸上有感知動物的總數，除以全球人口總數而計算出來。雖然這顯然不是一個準確的數字，但仍表明了個人確實有改變動物命運的力量。我們不是無辜的旁觀者。因此，動物的狀況是否可以獲得實際改善，取決於我們的選擇。

大家可能看過很多悲觀的統計數據，數萬億計的動物如何在惡劣條件下生活，如何寂寂無名地被殺。看來動物在人類手下的命運注定是悲慘的，情況全然一面倒，牠們毫無力量，毫無希望。但與此同時，我們通常看不到的是，每天也有許許多多的人在世界各地為動物的福祉工作，為使世界變得更富同情心而努力。更多的人沒有專職為動物工作，甚至沒有當過動物義工，但是他們也默默拯救了許多動物。這一大批人當中，只有少部分是純素者和素食者，另外大部分人只是開始減少吃肉，或嘗試轉喝植物奶，或購買自由放養農場的雞蛋和牛奶，或偶爾帶朋友和家人去素食餐廳，或在社交媒體上分享了有關動物待遇的信息等等。大家可能也是其中一分子。

相信世上的動物和人類都可以活得更好，不等於我們抱著空想的理想主義。人們一般會認為，所有動物都得到善待是一個永遠無法實現的理想，所以我們也無謂做夢。但事情並非那般簡單，理想不是只有得到實現或無法實現這兩種結果。以女性平權為例，我們現在說不上已經完全達到性別平等的狀態，不過在世上大部分發達社會，女性的地位和權利的確大幅提升了。這是無可否認的。至於動物的狀況，例如受人類剝削最嚴重的農場動物，我們可能無法完全終止像工廠農場對動物的那種系統性虐待，但大幅減低社會對工廠農場的依賴，從而大大減少需要出生和生活在那種環境的動物數量，還是可行的。即使我們無法將天堂帶到地球上，使地球變得更美好，仍然是一項有意義的任務。

在設定目標時，要定得夠高，也要不至於太高而觸不著。改變的阻力也許不少，但只要我們分清楚哪些目標可以實現，哪些可能無法實現，便可集中力量一步一步前進，也會減少了無謂的失望。

無法實現的目標：

世上所有人都尊重和愛護各種動物。

人們非常重視動物生命，除非是人命受到直接威脅時，否則所有人一致贊同不能為了取得食物或毛皮、進行實驗或其他任何原因而傷害動物。

所有人都因個人選擇或法律規定而成為純素者，肉食文化不復存在。

所有人都樂意與野生動物共享生活環境，把牠們視為社區一分子而不是滋擾。

沒有動物被用作運輸和娛樂工具，所有人都同意動物是不應受到勞役的獨立主體。

沒有任何野生動物被人當作寵物飼養或被困在動物園裡展出。

期望所有人都絕對怎樣怎樣，一般是不可能發生的事。即使是黑白分明的事情，都總會有人站在灰色甚至黑色地帶，這是現實。忘掉不切實際的完美主義，我們可以為以下這些能夠實現的目標而努力。

可以實現的目標：

↙**大多數發達國家都立法保障農場動物例如雞、豬、牛和羊等等一生得到妥善照顧和獲得人道屠宰。**

↙為人類服務的動物例如警犬、緝毒犬、馬、耕牛、表演動物等等，每天只有極短的工作時間，並享有高福利水平的生活。

↙所有涉及動物虐待且可容易被替代的產業都被大部分國家立法廢除，例如熊膽業、皮草業和化妝品動物實驗等等。

↙透過加強動物福利教育，對動物殘酷的文化活動例如鬥牛、鬥雞和賽狗等等逐漸被大眾所唾棄。

↙圈禁野生動物的動物園仍然存在，但為數不多而且不廣受歡迎。大多數國家亦有法律嚴格規管這些動物園，並且禁止為動物帶來壓力或違反其天性的表演和互動項目。

↙人們對素食和其好處有更深入的了解，素食餐廳和素食選項隨處可見。

↙達到高水平動物福利標準的農業生產商能透過標籤制度獲得表彰，仍吃肉蛋奶的一般市民亦能輕易認出和購得他們的產品。

↙**虐待動物者受到社會廣泛譴責，並受到法律的嚴懲。**

↙**大眾普遍對虐待動物者的厭惡，就如同我們目前對傷害兒童的罪犯的厭惡程度一樣。**

不要期盼在第一次嘗試時便達到最終目標，只需要著眼於帶動改變。只要方向正確，小改變也可造成滾球效應，觸動大改變。世界上許多人正在為實現以上這些可行的目標而努力，我們近十年來在促進動物福利方面確實取得了許多成就。有時了解一下動物的好消息，也是保持樂觀和減少灰心的一種方法。

好消息例子：

大型國際動物福利組織例如世界友善農業組織（Compassion in World Farming）、國際人道協會（Humane Society International）、世界動物保護協會（World Animal Protection）和皇家防止虐待動物協會（Royal Society for the Prevention of Cruelty to Animals）等，近十年內在推動商家廢除或公開承諾將廢除母豬妊娠欄和層架雞籠等方面取得巨大成功，並推出標籤表揚採用自由放養的企業。

近四十個國家已就動物保護立法，[2] 而動物法在法律教育和國際律師組織中亦日益獲得重視。[3]

越來越多的知名時尚品牌由於皮草業所涉及的殘酷、其不可持續性以及製衣技術的進步，已全面停止使用皮草或公開承諾在一定年期內放棄皮草。[4]

帶有「純素（vegan）」或「無動物測試（no animal testing）」標籤的化妝品和個人護理品越見普及和容易購得。

在二〇一八年，中國當局立法禁止一切象牙和象牙製品貿易，大大減少了對象牙的需求，每年約有上萬頭大象因此逃過一劫。

自二〇一二年起，中國政府亦禁止了在官方宴會中使用魚翅。此後，中國的魚翅消費量、進口量和價格均直線下降。[5]

阿根廷、加拿大、古巴、丹麥、意大利、英國和加泰羅尼亞地區等許多地方都已禁止殘忍的鬥牛表演。在鬥牛表演發源地西班牙，這項表演亦變得不受歡迎。二〇一五年的一項調查發現，實際觀看過鬥牛表演的人已不足一成。[6]

經過國際及地方動物福利團體的多年遊說，涉及剝削狗隻的澳門賽狗活動終於二〇一八年被禁止。

全球有五十多個國家發佈了禁止使用野生動物甚或任何動物進行表演的禁令。[7]

隨著肉類和蛋奶的替代食材的購買渠道和種類日益倍增，每個國家的素食者和純素者數目都正在上升。[8] 在我身處的香港，素食餐廳的數量近五年來明顯增加，而且幾乎所有餐廳現時都會提供至少一項素食選項。

「無肉星期一（Meatless Monday）」在過去十年間已發展成為一項全球運動，積極推廣於四十多個國家的公私營機構及學校中。許多西方城市亦開始流行「少肉日（Meat-less Days）」和「少而精（Less but Better）」的飲食運動。[9]

植物性仿肉例如「未來肉（beyond meat）」和「新豬肉（OmniPork）」等越來越受大眾接納，並且可容易於餐廳和超市購得。

與動物肉在成分上完全相同的「培養肉（cultural meat）」——又稱「乾淨肉（clean meat）」——正在迅速發展，並可能在數十年內在市場上廣泛應用。大型食品集團例如泰森（Tyson）以及投資者比爾．蓋茨（Bill Gates）和理查德．布蘭森（Richard Branson）等亦看好培養肉的潛力，並積極投資其中。[10]

公眾承認動物保護重要性的百分比持續上升。[11] 世界動物聯網（World Animal Net）的資料顯示，現時全球至少有一萬五千個民間動物保護團體，為各種動保目標而努力。

我們應該為每一隻因為這些改變和政策而倖免於一生痛苦的動物高興，這些幸運兒為數不少。而大家每一次不吃肉、購買零殘酷產品或支持動物慈善組織時，便都有份拯救這些動物。我們未必感受得到，但一個這樣的小決定已經可以改變某動物的一生。當然，人類手中仍有上億受苦的動物，我們仍有許多工作需要做，有四大方面的工作也許特別關鍵。

第一，企業應讓消費者和使用者了解自己所消費的動物產品和服務背後的動物福利狀況，至少提供一些基本信息，例如肉品和蛋奶來自哪種農場，肉用動物有否得到人道屠宰，或者動物園中的籠中客是否由園方刻意繁殖或購入，還是從野外救回，只因不適合野放而需人工飼養。此類信息應該在各種有形和無形的動物商品上清楚列明，不一定要使用大段文字，但可採用一些標準化和廣泛認可的標籤。現在，我們已經有用於食品的純素、蛋奶素、自由放養（free-range）等標籤，以及用於化妝品和保健品的無動物實驗和零殘酷（cruelty-free）標籤。不過，這些標籤年資尚乏，而且推廣不足，僅在歐美國家的產品上比較流行和通用。因此，這也許是其他國家可以改進的領域。可不要低估小小的標籤對於改善動物福利的力量。在英國，自二〇〇四年實施蛋雞福利標籤以來，非籠養農場的雞蛋產量在七年間從百分之三十一的市場佔有率增長到百分之五十一，超越了籠養蛋而成為英國雞蛋的主要生產方法。12

每一個手上有一點點金錢可以花的人都是潛在的消費者，作為消費者，大家都擁有左右商業決策的力量。我們可以以消費者身份直接提出意見，敦促某些行業進行變革，或者也可以採用一種無聲卻有效的方式，就是抵制不善待動物的產品和服務。與此同時，社會需要有相關法律去要求企業披露動物福利信息，如此我們才能在知情的情況下作出選擇。任何人都不應因為被迫的無知或被誤導，而要參與或支持自己本身認為是不道德和不人道的行為。大眾消費者有權知道產品生產背後的動物狀況，然後買與不買，買哪一家，讓消費者自行決定。我相信社會的集體道德意識，只要公眾知情後，許多虐待動物的產業模式都會逐漸被淘汰。

第二，我們亦需要監管動物產業的實際運作情況，否則，在確保動物福利上所花的努力都將白費。舉例說，現時比較通用的人道屠宰措施包括了在割喉放血前先電擊動物，使牠在到達刀鋒前已不省人事甚至死亡。但有研究發現，有些被屠宰的豬因在過程中掙扎幅度較大，未能被機器完全電擊和放血，導致牠們到達高溫的熱燙槽時仍然有意識，最後竟因燙傷和溺水而要承受漫長痛苦的死亡。[13] 而電擊家禽例如雞和鴨，一般使用帶電水浴，卻也有類似的問題。牠們的爪部被束縛，倒吊在輸送帶下，頭部和上身浸進水浴中被電暈或電死。但實際上，這些禽鳥出於本能，常會「飛越」水浴，上身未有浸入電水中，然後完全有意識地到達機械刀鋒，最後同樣被燙死和溺死。[14] 由此可見，法規和標籤的存在是一回事，監管和評估實際運作情況同等重要，否則所謂人道屠宰的設計也可變成更嚴重的虐待。除了需要動物保護法，我們也需要有專責部門來執行法規，並且監察獲得動物福利標籤的企業是否名副其實。

第三，科學的角色將是不可或缺。正如第二章所言，我們永遠無法直接了解動物的感受，就像我們無法直接進入他人的大腦，讀懂他人的思想一樣。照顧者認為奶牛所需的福利，與奶牛實際的福利需求之間，可能始終存在一點差距。不過，動物福利科學和動物行為學可以使人類對動物福利的理解和動物的真正需求之間的距離縮至最小。[15] 動物行為實驗也可以從多方面顯示出動物的偏好和「價值觀」，例如讓我們知道對於一隻不飢餓的豬來說，得到更多的食物還是得到同伴更重要，而在牠飢餓時，又是否食物會比一切都重要等等。有時候，結果可能會出乎意料。這些訊息都有助於我們考慮動物的利益，尤其是當我們需要用牠們作為資源。此外，有潛力顛覆肉品業的植物性仿肉和培養肉也是創新科技的產物。可能有人會覺得吃這些「仿動物」食品是「齋口不齋心」的表現，如果一個純素者在吃新豬肉餃子的時候，幻想自己在吃豬肉，這人還能算是一個純素者嗎？這個問題我實在不懂回答，但我認為追求某種味覺享受本身並無對錯，而一個「幻想吃肉者」實際上也沒有傷害到任何動物。對那些原本會成為餃子餡的豬、羊、牛、雞來說，這一點才最重要。

同時，我們需要警惕。如同許多強大的事物一樣，科學是雙刃劍。有人會試圖使用選擇性育種和基因技術，來繁殖出更適合存活於惡劣農場環境和更易管理的動物，例如以基因技術「消除」動物感受痛楚的能力和令哺乳動物母親對幼崽的叫聲毫無反應。[16] 我相信部分研究者可能是真心希望動物在工廠農場中能少受點苦，而不是純為商業利益考慮。可惜，其實人類也不是很擅長改造物種，選擇性繁殖甚或基因改造的動物通常更易遭受各種疾病侵害或生來畸形，這可能對消費者健康構成威脅，當然也會令該動物受苦。再者，如此改變工廠農場動物在正常環境中的生存優勢和天性，雖然在理性上好像是令牠們少受苦的好事，但在感性上卻不免令人毛骨悚然。萬一弄錯了，原來這些「無痛」動物或「無情」動物仍有知覺情感，我們卻以為可以肆無忌憚地對待牠們，那豈不是變成了更嚴重的虐畜？我們必須反思這是否使用動物作為資源的正確方法和態度。一種喜歡擠擁，不怕高溫和濕氣，甚至沒有痛感的雞，或者真是極適合作為肉雞養在工廠農場環境。但用這非常手段去令牠們不受苦，如此扭曲一種動物的本性，是尊重動物的做法嗎？

第四，也可能是最重要一點，動物倫理應被納入道德教育，以提高下一代的動物保護意識。對於人類動物關係中的愛恨情仇，「大人」們一向傾向避而不談。可是，如果我們從未與小孩子談論過動物的處境，不能算是已經教過他們什麼叫同情心、關懷和責任感。小孩子的同情心和對他者及世界的關懷將會是不完整的。他們長大後，也不會意識到自己的選擇對自身和其他人事物有何影響，更遑論對這些選擇負責。的確，即使世上所有國家都有了全面的動物保護法和動物道德教育，仍然會有人虐待動物或者尋找方法壓榨牠們來牟利。我們的目標不是要把天堂帶到地球上，因為這不但不可能，也未必是理想的。我們只需要改變社會對於動物的主流論述，使每個成熟、有道德感和自重的社會公民都會真誠地（或者隨波逐流地）關心動物福利，以虐待動物的行為為恥。

從目前趨勢來看，我相信人類手中的動物的生存狀況絕對可以得到改善。現況並不理想，但確實有許多大大小小的改變在進行中，在農場裡，在動物園裡，在大眾的心裡。

過去人們也許有充分理由對動物的境況感到絕望，但現在我們沒有原因去灰心。雖然各種苦難無法相互比較，但是其他群體的苦難得到承認和改善時，可以顯示出社會變革是可能的，並帶給所有想要改善世界的人們一份希望。湯姆．雷根（Tom Regan）在《打破牢籠》（*Empty Cage*）中寫道：

「我們所花的時間、才能與精力並非毫無指望。[……]過去，人們覺得協助美洲原住民、非裔美國人、婦女、心智障礙者或身障人士爭取權益是不實際、也遙不可及的烏托邦想法。倘若我們的祖先向現實低頭，倘若他們對那些呼喊平等的聲音冷眼旁觀，非裔美國人可能還是奴隸，而婦女們也不能參與政治。但歷史的事實告訴我們，社會因循的習慣不僅可以改變，實際上也已經改變。」[17]

1 Clive Phillips, "The Scale and Intensity of the World' s Animal Industries" , In Clive Phillips (eds.), *The Welfare of Animals. Animal Welfare*, Vol 8 (Springer, Dordrecht, 2009), pp. 149-172.

2 "Animal Protection Laws by Country" , *Animals and Society*. From https://www.animalsandsociety.org/resources/animal-protection-laws-by-country, retrieved 3-10-2020.

3 Paul Waldau, *Animal Rights: What Everyone Needs To Know* (New York: Oxford University Press, 2010), p. 102.

4 Mario Abad, "The 3 Reasons Several Luxury Brands Are Saying No To Real Fur" (Mar 27, 2018), *Forbes*. From https://www.forbes.com/sites/marioabad/2018/03/27/sustainable-luxury-brands-anti-fur-faux-fashion/?sh=45ca947c6177, retrieved 4-10-2020.

5 Simon Denyer, "In China, Victory for Wildlife Conservation as Citizens Persuaded to Give Up Shark Fin Soup" (Oct 19, 2013), *The Washingtcn Post*. From https://www.washingtonpost.com/world/in-china-victory-for-wildlife-conservation-as-citizens-persuaded-to-give-up-shark-fin-soup/2013/10/19/e81326-3646-11e3-89db-8002ba99b894_story.html?utm_term=.e6312ae9acb9&itid=lk_inline_manual_35, retrieved 3-11-2019.

6 James Badcock, "Will Spain Ever Ban Bullfighting?" (Dec 3, 2016), *BBC*, From https://www.bbc.com/news/world-europe-38063778, retrieved 3-5-2020.

7 "Circus Bans. An Expanding List of Worldwide Circus Bans and Restrictions" , *Stop Circus Suffering*. From https://www.stopcircussuffering.com/circus-bans/, retrieved 3-5-2020.

8 Henry Buller and Emma Roe, *Food and Animal Welfare* (London: Bloomsbury Academic, 2018), p. 173.

9 Joop de Boer, Hanna Schösler, and Harry Aiking, " 'Meatless Days' or 'Less But Better' ? Exploring Strategies to Adapt Western Meat consumption to Health and Sustainability Challenges" , *Appetite*, Vol.76 (May, 2014), pp. 120-128.

10 同註8。

11 同註3，頁七十九。

12 "EU Realises that 'Labelling Matters'" (Jun 14, 2013), *Compassion in World Farming (CIWF)*. From https://www.ciwf.org.uk/news/2013/06/eu-realises-that-labelling-matters, retrieved 5-6-2019.

13 Juliet Gellatley, *The Silent Ark: A Chilling Expose of Meat – The Global Killer* (London: Thorsons, 1996); Sara J. Shields and A. B. M. Raj, "A Critical Review of Electrical Water-bath Stun Systems for Poultry Slaughter and Recent Developments in Alternative Technologies" , *Journal of Applied Animal Welfare Science*, Vol.13 No.4 (2010), 281-299.

14 FAWC (Farm Animal Welfare Council), *Welfare of Farmed Animals at Slaughter or Killing: Part 2 White Meat Animals* (London: Farm Animal Welfare Council, 2009). From https://assets.publishing.service.gov.uk/government/uploads/system/uploads/attachment_data/file/326745/FAWC_report_on_the_welfare_of_farmed_animals_at_slaughter_or_killing_part_two_white_meat_species.pdf, retrieved 5-11-2020; Peter Stevenson, "Animal Welfare Problems in UK Slaughterhouses" , *A Report by Compassion in World Farming Trust* (Petersfield, Hampshire, UK: Compassion in World Farming Trust, 2001). From https://www.ciwf.org.uk/media/5161334/animal_welfare_problems_in_uk_slaughterhouses_2001.pdf, retrieved 5-11-2020.

15 John Webster, *Animal Welfare: Limping Towards Eden: A Practical Approach to Redressing the Problem of Our Dominion Over the Animals* (Universities Federation for Animal Welfare (UFAW), 2005), p. 5.

16 Adam Shriver, "Knocking Out Pain in Livestock: Can Technology Succeed Where Morality has Stalled?" , *Neuroethics*, Vol.2 No.3 (Aug, 2009), pp. 115-124; Robert G. W. Kirk, "The Invention of the 'Stressed Animal' and the Development of a Science of Animal Welfare, 1947–86" , In D. Cantor and E. Ramsden (eds.), *Stress, Shock, and Adaptation in the Twentieth Century* (Rochester, NY: University of Rochester Press, 2014), chapter 9.

17 （美）湯姆・雷根（Tom Regan）著，陳若華、林云也譯：《打破牢籠》（台北：中華民國關懷生命協會，二〇一六年），頁二六三。

Chapter 20

世界如此紛亂，現在是關心動物的合適時候嗎？

此刻我身處家鄉香港，這裡沒有戰火，沒有饑荒。在地球上眾多城市中，我家鄉可算是非常和平安全的地區——至少我還有資源、地方、一台電腦和空餘時間可用來寫書。不過，在二〇二〇年，一場難纏的疫病在全球各地爆發。即使是在這之前，放眼全世界，在和平的表面下，戰爭風聲、疾病瘟疫、環境天災、文化衝突、經濟危機等等一切，都一直在威脅著很多人的生活。我曾撫心自問，「現在」是關心動物的合適時機嗎？

想深一層，我發現我的懷疑是不合理的。即使世界很混亂，甚至有很多天災人禍，可是為什麼就要停止做正確的事？為什麼我們便要抑壓同情心？為什麼世界有很多問題和邪惡，所以我們就要繼續對虐待動物的惡行噤聲？這說不通。再加上第十二章也提到過，人類福祉在多方面與動物環環相扣，漠視動物的生存狀況最終也確實會殃及人類。經過誠實的自我反省，我發現「世界紛亂」只是自己懶惰，懶得動手動腦為動物和世界出點力的藉口……

誠然，不是每一方面的動物福利討論都與人類福祉或環境問題等有關，也未必都有助解決世上的其他大問題，不過這個討論仍然是有意義的。打個比方，討論全球暖化的問題也未必能促進國際間的和諧，甚至可能牽出更多的爭論和敵意，但這不代表全球暖化不值得或者不應該被討論。如同全球暖化的議題，動物福利的討論價值不在於能否解決其他世界問題，因為它本身就是值得關注的事情。

在世界主流文化中，動物一向都以人類附屬品的角色存在。與人類社會的其他「世界大事」相比，有關動物的事情似是微不足道。而動物自己本身會關心動物福利嗎？雖然動物有趨吉避凶的天性，但牠們會有認為自己「不應該」受苦的想法嗎？未必，因為牠們是叢林法則的兒女，牠們的雙親都是弱肉強食遊戲中的勝利者，才能成功交配並且產下牠們。高層次的抽象思考能力在生物演化史上是極其罕有的，相信只有智人獲得了此能力。

既然連動物自己都對「動物福利」和「動物保護」沒有概念，那為什麼我們要花心思討論呢？因為動物福利其實不是關於動物，而是關於人。所有事情最終都是關於人，或更準確來說——人的良知。氣候危機當中最大的危機，也不在於氣候，而在於人心。自古誰無一死，即使生命真在地球上滅絕，對個體來說其實真沒什麼大不了。但問題在於我們的心。地球正因我們人類的行為和態度而被破壞，人類和所有生物的下一代將要在一個更差的環境中成長生活，不能再享受到大自然的豐富美好。如果我們知道這些事實，卻仍然不去力挽狂瀾，這才是比地球繼續升溫更大的危機，而且是一個直接關乎個人的道德危機。回到動物倫理的問題，從實際層面上，動物福利當然切身影響到每個動物個體的生活，是應以動物為本的；但從道德意義層面上，人如何對待動物終歸是人類的事情，是人類的選擇。我們在動物倫理上的取態，我們如何對待動物，關乎我們的個人修養，首先關係到的其實是我們自身。決定不買經過動物實驗的產品、不吃籠養雞蛋、不看大象表演時，獲救的不只是兔子、母雞和大象，還有自己的良心。

即使動物不能說話，又不及人類聰明，但牠們和你我一樣，都有喜怒哀樂和求生懼死的基本情感。因此，一般人都不同意人可以對動物為所欲為。每個人心中對於人類該如何對待動物，多多少少有一個標準——即使很模糊。或許你現時不認同有需要立法規定讓懷孕母豬得到造巢待產的機會，但可能也會贊成虐殺貓狗和踐踏兔子的人應該受到有阻嚇性的刑罰。當我們開始思考動物倫理，開始與他人討論，漸漸自己的一套動物倫理觀也會清晰起來。而每個人也需要作出一個選擇——我是想成為一個支持弱肉強食、助紂為虐的人，還是一個關顧周邊人事物、有同情心的人？

所以說，談動物福利表面上是關心動物，實際上也是在推進人類文明的發展。即使世界很混亂，地球很危險，也不代表我們便應放棄趨善避惡。對於天文數字的動物因為人類而要承受的痛苦，我們不應該「眼不見為淨」。而作為消費者和社會一員，我們都有能力作出改變，沒有想像中那麼無辜和被動。在改善動物福利的同時，其實也會加強食物安全和促進更有效的糧食分配，甚至預防多種人畜傳染病的爆發，人類也能受惠，世界的紛亂也會得到改善。

推動動物保護並非一件容易的事——就算大家以前沒有相關經歷，也能想像得到。這不是因為幫助人的慈善事業比幫助動物的更容易做，而是因為動物慈善在本質上就是在推動一種稱為同情心的美德。要推動一種美德是困難的，人們經常忽視美德的重要性，現代人都覺得「實際一點」才好，成事才是最重要。但是，我們忘記了一個重要的事實，正是因為人在道德上有所欠缺，世上才會存在許許多多的問題，包括了與他人、動物和環境相關的問題。

最近我在讀史蒂芬・平克（Steven Pinker）一本非常厚的書——《人性中的良善天使》（*The Better Angel of Our Nature*）。書中精彩描述了人類如何從蠻荒時代走到了今天，一步一步擴大同情心的範圍，慢慢學會尊重和容納不同族群、膚色、性別、性取向和社會地位的人——最近同情心亦覆蓋到其他物種。[1] 這場道德演化進三步退兩步，但永不休止。我相信道德演化的下一步就是動物的道德地位得到廣泛認可，社會明白到保護動物的重要性。

這想法不是我的一廂情願，世界各地的人的確越來越關注人類對待動物的方式，了解到動物產業的禍害，亦越來越多可口有益的肉替代品面世，令肉食不再是必須。而每當有虐待動物的事件被揭發出來，無論是新聞或社交媒體都會譴責暴行。在現代，虐畜是罪行和不光彩的事，大家可能很難相信，在三百年前不到，在某些地方的民眾和貴族曾經會在公開場所把貓兒活活吊進火裡燒死，並將之視為一種節慶活動。[2] 嚇到大家實在不好意思，我只是想帶出一個訊息：人類的發展總是能帶來驚喜，我們曾經很壞，但也可以變好。我們既有能力做極邪惡的事，便有能力做極良善的事。我們是有選擇的。

那麼，「現在」是關心動物的合適時候嗎？我的愚見是，若非此時，又該何時？

1 當然，各時代的人當中也有存在會關心其他膚色、種族、性別和物種的人，可是那些人在當時並非主流。

2 Robert Darnton, *The Great Cat Massacre: And Other Episodes in French Cultural History* (New York: Basic Books, 2009), pp. 83-84.

跋

在本書首章，我們從科學和社會角度定義了何謂動物。來到書末，我想再為動物加上一個定義。如果大家相信有神、上天或者某種主宰因果報應的超自然力量的存在，那麼動物就是祂設給全人類的道德考驗，用以試驗人類道德水平的試金石。

為了物種延續，人類有充分理由關心自己同類，亦有利益考慮驅使人們保護環境，因為環境惡劣直接威脅人類生存。很多時候，善待動物卻只會給人帶來良心上的滿足感，未必有所謂的實際效用，亦未必會帶來經濟效益。動物——若你蓄意虐待牠，牠也不能反抗；若你好意善待牠，牠也不懂報恩。或許老天就是想看看我們會如何對待這樣的一個群體。世上沒有比這更嚴峻的人性考驗了。

近數十年來的科技發展，使人們產生了一種幻想，認為科技最終可以解決所有問題。那麼，對於動物帶來的道德考驗，科技能否提供答案？遺憾的是，科技充其量只能為我們提供做事情的方法。應該做什麼，如何做，仍然是我們人類必須回答的問題。人類動物關係中的道德災難，是「技術問題」嗎？不要忘記「動物痛苦」的問題是什麼。問題是動物在受苦嗎？是的，但更重要的問題是，人類為了便利，不介意踐踏其他動物的天性，使動物遭受不必要和過度的傷害。問題在於，在與動物的關係中，我們希望保持平等和關懷的形象，而與此同時，我們卻不願直視農場、屠場、實驗室和動物園大門後發生的事情。問題在於人類不能對自己誠實，良知中存在著一片不能踏足的陰影。單靠科技，真能解決這人道危機嗎？

鳴謝

筆者承蒙以下動物保護組織和機構無償提供相片，特此致謝。
（排名按相片在書中出現次序）

Oinking Acres Farm Rescue & Sanctuary（美國印第安納）
Hugletts Wood Farm Animal Sanctuary（英國東薩塞克斯）
澳門愛護動物協會 Anima Macau
亞洲動物基金 Animals Asia

以上提供相片的組織和機構的立場與本書立場無關，但我們同樣在為建設一個更富同情心的世界而努力。

一切行動皆能帶來改變，是何改變則取決於你的選擇。

——珍・古德（著名動物行為學家、人類學家和動物保育人士）

何以愛物

動物倫理二十講

責任編輯　寧礎鋒
書籍設計　黃詠詩

三聯書店
http://jointpublishing.com

JPBooks.Plus
http://jpbooks.plus

作者　曾琬淋

出版　三聯書店（香港）有限公司
香港北角英皇道四九九號北角工業大廈二十樓
Joint Publishing (H.K.) Co., Ltd.
20/F., North Point Industrial Building,
499 King's Road, North Point, Hong Kong

香港發行　香港聯合書刊物流有限公司
香港新界荃灣德士古道二二〇至二四八號十六樓

印刷　美雅印刷製本有限公司
香港九龍觀塘榮業街六號四樓A室

版次　二〇二一年一月香港第一版第一次印刷

規格　特十六開（150mm x 200mm）二八〇面

國際書號　ISBN 978-962-04-4774-7